——源远流长的人生哲学——

千古传诵老人言

刘艳华 ◎ 编著

中国华侨出版社
·北京·

图书在版编目（CIP）数据

千古传诵老人言／刘艳华编著. — 北京：中国华侨出版社，2013.1（2024.1重印）

ISBN 978-7-5113-3182-3

I. ①千… II. ①刘… III. ①汉语－谚语－汇编 IV. ①H136.3

中国版本图书馆CIP数据核字（2012）第320273号

千古传诵老人言

编　　著：刘艳华
责任编辑：高文喆
责任校对：孙　丽
经　　销：新华书店
开　　本：787毫米×1092毫米　　1/16开　　印张：12　　字数：150千字
印　　刷：唐山市铭诚印刷有限公司
版　　次：2013年3月第1版
印　　次：2024年1月第2次印刷
书　　号：ISBN 978-7-5113-3182-3
定　　价：59.80元

中国华侨出版社　　北京市朝阳区西坝河东里77号楼底商5号　　邮编：100028
发行部：（010）64443051　　　　　传　真：（010）64439708
网　　址：www.oveaschin.com　　　E-mail：oveaschin@sina.com

如果发现印装质量问题，影响阅读，请与印刷厂联系调换。

前言

什么是老话？祖祖辈辈口口相传留下来的草根智慧，就是我们所说的老话。这些都是祖辈们经历了无数代人，从生活的实践中总结出来的生活经验。科学不科学？不知道。但是，我们应该知道，那些经不起时间推敲的东西会在历史的长河里很快销声匿迹，大凡流传下来的都有一定的道理。

例如，"木秀于林，风必摧之""枪打出头鸟"是任谁都听过的老话吧？它有道理吗？当然！中庸是一种不保守不偏激的生存智慧，是一种不偏不倚的均衡美。只要在为人处世上恪守中庸，你就能做到不急不躁，不偏不倚，进退自如，游刃有余；只要深谙中庸之道，你就能秉承天下大公、居处天下大善、征服天下大善、成就天下大事。这样，无论在何时，无论在何地，你都能拥有一个和谐成功的人生。

锋芒太露容易招致灾祸，这是跌过跟头的老祖宗用血的教训给我们的忠告。

"人情留一线，日后好见面""说话看势头，办事看风头"之类的俗语，更是一个人能够立足社会的处世箴言。在社会上摸爬滚打，一定要懂得人情世故，这是最基本的要求，不懂人情世故，那么，还没有和人比赛，你就已经输了。

大凡成功的人，无一例外都深深地明白人情世故的重要性。

除了处世做人之外，老祖宗还教我们学会自强，在急流中勇进，如"不怕百事不利，就怕灰心丧气""吃得苦中苦，方为人上人"等；教我

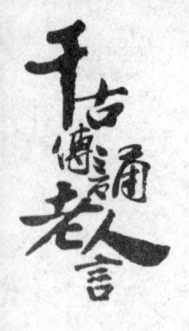

们学会感恩,如"滴水之恩,当涌泉相报""鸦有反哺之义,羊有跪乳之恩"等;教我们不忘拼搏,让自己从平凡蜕变成卓越,如"三百六十行,行行出状元""月缺不改光,剑折不改刚"等。"小家不安,何以安天下""勤俭持家,方能和睦兴盛",更是老祖宗口口相传下来的经典。

　　总之,老祖宗的智慧,博大精深,不是三言两语就可说清的。但是,只要你能深明其中的道理,必然会让你受益终身。

目录

第一章
学好千日不足，学坏一日有余
——修身养性，懂得取舍进退

002　学好三年，学坏三天
005　穷莫失志，富莫癫狂
009　福不可享尽，势不可用尽
013　木秀于林，风必摧之
016　水退石头在，好人说不坏
020　水落现石头，日久见人心
023　知足得安宁，贪心易招祸
028　广交不如择友，投师不如访友
031　猫鼠不同眠，虎鹿不同行

第二章
规矩是死的，人是活的
——立身处世，须知人情世故

036　有山必有路，有水必有渡
039　多下及时雨，少放马后炮

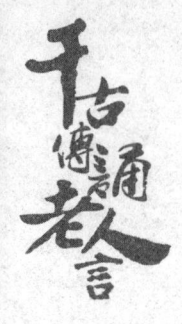

042	打空拳费力，说空话劳神
046	和气生财，忤逆生灾
050	刻薄不赚钱，忠厚不折本
053	宁叫钱吃亏，不叫人吃亏
057	心急吃不了热豆腐
061	种瓜得瓜，种豆得豆
065	路留一步，味让三分
068	逢人只说三分话，留下七分自己赏

第三章
人有志，竹有节
——自强自立，在急流中勇进

074	谷要自长，人要自强
077	不怕山高，就怕脚软
080	不怕百事不利，就怕灰心丧气
085	人往大处看，鸟往高处飞
089	锲而不舍，金石可镂
092	吃得苦中苦，方为人上人
096	不磨不炼，不成好汉
099	天无一月雨，人无一世穷
103	愁人苦夜长，志士惜日短
107	大胆天下去得，小心寸步难行

第四章
小人记仇，君子感恩
——心怀感恩，得道才能多助

- 112　前人栽树，后人乘凉
- 115　滴水之恩，当涌泉相报
- 118　赠人玫瑰，手有余香
- 121　投之以桃，报之以李
- 124　你帮别人莫提起，别人帮你要牢记
- 128　鸦有反哺之义，羊有跪乳之恩
- 132　良药苦口利于病，忠言逆耳利于行
- 136　人在福中不知福，船在水中不知流

第五章
天不生无用之人，地不长无名之草
——激发潜能，从平凡到卓越

- 140　三百六十行，行行出状元
- 143　月缺不改光，剑折不改刚
- 147　木尺虽短，能量千丈
- 151　事以密成，语以泄败
- 155　业无高卑，事在人为
- 157　积钱不如教子，闲坐不如看书
- 160　一心想赶两只兔，反而落得两手空
- 163　只要自己上进，不怕人家看轻

第六章
勤俭一家福，和睦百家春
——经营幸福，家和万事方兴

- 168　家中不睦，外事无成
- 171　自家的肉不香，人家的菜有味
- 175　激烈夫妻难到头，冷热夫妻水长流
- 178　不笑补，不笑破，只笑日子不会过
- 181　馋人家里没饭吃，懒人家里没柴烧

第一章
学好千日不足,学坏一日有余
——修身养性,懂得取舍进退

儒家讲"修身齐家治国平天下",所谓"修身",就是"学好",做一个君子。怎样才算好呢?首先要具备智、仁、勇三"大德",还要具备礼、义、廉、耻、信等"小德"。进行君子的修炼,首先有益于自己的心灵,"知者不惑,仁者不忧,勇者不惧",当此境界,才能活得内心坦然、洒脱畅快。进行君子的修炼,还能移风易俗,促进社会文明。一个君子,小则影响一家,大则影响天下。

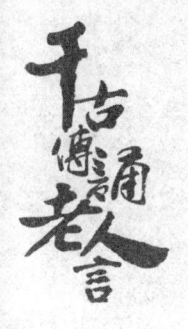

学好三年,学坏三天

【人生箴言】

心如平原走马,易放难收,人要从一个坏人变成一个好人需要很长的时间,而从一个好人变成一个坏人却只需要很短的时间。

人之初,性本善。每个人都希望自己是一个善良讨喜的人,没有人天生想做个坏蛋。然而,世界上却还是有很多人,在人生的道路上选择了另外一条道路,成为世人眼中的坏人。为什么会出现这样的结果呢?

世间美好事物,往往难得,假如钻石遍地可寻,那跟同样剔透的玻璃又有什么区别?假如雪莲生在四野,它跟普通的野草又有何异?好人如同良材,需要辛勤栽培;君子如同璞玉,需要用心去细细雕琢。做人本是一件不容易的事,做一个好人、君子,更是难上加难,而终其一生都做一个好人、君子,则需要时常自省己身。

纵观古往今来,有很多人一生克己警醒,最终成就了自己的千古芳名,让自己流芳百世;也有很多人原本想做君子,做人做事都求一个"好"字,但是却因为被外界的环境迷惑,在不知不觉中滑下了深渊,被世人贴上了"坏人"的标签,而众多人中的最佳代表就是王莽。

王莽出身于当时权倾朝野的外戚家族，族中之人多为将军列侯。因为家世显赫，王家子弟均生活侈靡，声色犬马，互相攀比，多有劣迹，唯独王莽独守清净，生活俭朴，为人谦恭，并且少怀大志，做人做事都以古圣贤自勉。他在内服侍母亲及寡嫂，抚育兄长的遗子，侍奉诸位叔伯，十分周到，行为严谨检点；对外结交贤士，谦恭守礼，勤敏好学。时间长了，他的名声远播，几乎成了人们心目中的道德楷模。

24岁的时候，王莽步入仕途，初任黄门郎，后升为射声校尉。那个时候，王莽礼贤下士，清廉俭朴，常把自己的俸禄分给门客和穷人，甚至卖掉马车接济穷人，深受众人爱戴。其叔父王商上书愿把其封地的一部分让给王莽。

30岁的时候，王莽封新都侯、骑都尉及光禄大夫侍中。绥和元年，王莽的叔父、大司马王根退休，深得人心的王莽受到家族的推崇、太后的赏识，38岁的王莽顺理成章地接替了大司马之职，权倾朝野，成为一人之下，万人之上的首辅大臣。当此之时，王莽更加严格要求自己，没有半分骄态，好处更比以前胜了三分。

假如王莽的人生轨迹就这样按部就班地走下去，也许他会终生做个君子，并获得贤臣的名声。但是没有一个人会永远顺风顺水，王莽也不例外。

汉成帝去世，汉哀帝即位后，傅太后、丁太后及其外戚得势，王太后无力与之相争，王莽只得退位隐居新野。王莽虽然心怀"周公辅成王"之志，也不得不收起雄心，交出大司马的职务，去新都封国隐居。他行事更加低调，做人更加谨慎，让人挑不出半分毛病。不料他的二儿子王获不守家规国法，逞其凶狂，杀死了一个家奴。王莽严加责罚后，又大义灭亲，逼王获自杀。王莽的高风亮节受到了广泛好评，朝野之士为他鸣不平的很多。汉哀帝迫于舆论，只好将王莽召回京城，侍奉王太后，但没有官复原职。

不久后，汉哀帝一病而亡，没有留下子嗣，太后王政君听说皇帝

驾崩，当天就起驾到未央宫，收回传国玉玺。王太后于是下诏，要求朝中公卿推举大司马人选，群臣会意，纷纷举荐王莽。于是，9岁的汉平帝登基后，王莽得到朝野的拥戴，再次被任命为大司马，代理政务。

再次手握重权之后，王莽的心态发生了很大的转变，他意识到，无论他的权势多么显赫，无论他的名声多么好，都不得不乘坐在王太后这条旧船上，一旦这条船沉没，他的一切很快就会失去，为了保住权势，必须掌握自己的命运。从此，王莽的政治野心逐渐暴露，他做人做事的风格也为之一变，培植党羽，排除异己，顺我者昌，逆我者亡，外君子而内小人。

尽管如此，大家仍然视王莽为君子，极少有人骂他是小人。一方面，他所行之事，都是按制度办理，让人无话可说；另一方面，他确实做了不少好事，例如对平民士人推行恩惠政策，拿出家财赈济灾民，为灾民兴建住宅，等等，他做的好事数不胜数，许多人认为，他的德行可与古代的圣人相比。

直到最后，王莽篡位成功，当上了皇帝，把天下弄得民不聊生之后，人们才看清楚王莽的真面目。从此，王莽成为人们心中沽名钓誉的伪君子，原先对他寄予厚望的人都痛恨他、厌弃他，各地农民纷纷起义，形成赤眉及绿林大规模的反抗。最后，绿林军攻入长安，王莽在混乱中为商人杜吴所杀，校尉公宾斩其首，悬于宛市之中，王莽的"新朝"土崩瓦解，犹如昙花一现。

其实，从王莽最开始的为人处世可以看出，他本性并不坏，后来，他之所以会发生那样的变化，在很大程度上，是受情势所逼。这并不是为他开脱，试想，一个人已经尽享好名声带来的好处，他会轻易地将这一切毁掉吗？俗话说，"伴君如伴虎"，经过了那次变故，王莽深知自己的命运不由自己掌握的苦楚，于是后来的他决定铤而走险，而他不知道的是，他为了自己能够地位稳固，却不知不觉地伤及了无辜，引起天怒人怨，最终走上了让世人唾弃的道路。

王莽的成败教训，值得我们深思。绝大多数"坏人"，都不是甘心变坏，只是到了一定的环境中，受情势所迫，好像只能如此、必须如此，于是就那样做了，一做就坏了，从此入了魔道，越陷越深。由此可见，一个人要想保持自己的本色，永远做一个对社会有益的人，除了加强自身的品德修养之外，选择一个好环境也非常关键。

凡俗的我们行走在这个尘世间，生命中的每一段旅程都会受到各种欲望的牵引，任何时候都可能遇到诱导我们变坏的因素，心如平原走马，易放难收，人要从一个坏人变成一个好人需要很长的时间，而从一个好人变成一个坏人却只需要很短的时间，所谓"一念天堂，一念地狱"便大抵如此。所以，要想让自己能够在这个世界上卓然挺立，成为众人称道的好人，最重要的还是守住自己的本身本性，用强大的意志力去攀登道德高峰。

智慧典藏

做一个对社会有益的好人既要有善心又要有恒心，而如果稍微放纵自己，很快就会染上不良习惯和不良行为，发展下去十分危险。真正的智者，在任何情况下都懂得修正自己的内心，坚持做一个无愧天地的仁人君子。

穷莫失志，富莫癫狂

【人生箴言】

压得低，心态才能够修炼得静，这样的人才会在"失意"的时候不气

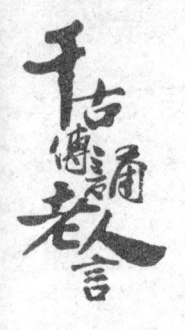

不馁,"得意"之时自省己身。

从历史的行事中可以看出,我们自古就是讲究中庸的,这个词几乎涵盖了整个儒家文化。不过分地偏左,也不过分地偏右,尽可能保持平衡。这个理念如果用在为人处世上,那就是得意的时候要低调,居安而思危;失意的时候要坚强,不能一蹶不振。

失意的问题往往比较好解决。朋友、家人都会在这个时候出现,加油鼓气的话多少会起到一定的作用,因为这个时候的人是脆弱的,能听得进劝。而得意的问题往往很难解决。俗话说,一人得道,鸡犬升天。朋友、家人因为你的得意,高兴还来不及呢,谁会在这个时候泼凉水呢?

得意的人会自觉不自觉地膨胀,自我放大,就像一把开了刃的尖刀。好像没有什么困难能难倒他,没有什么问题他解决不了。殊不知,这把尖刀随时可能伤害他最亲近的人,也随时可能受到意外的打击。因为它的锋利,所以它才脆弱,折断可能只是瞬间的事。

明朝有个人叫沈万三,是当时的"全国首富"。他家有田产上万顷,而且在四路八乡的城镇开设有许多的店铺。对于他的商业才能,余秋雨先生有过一句评价:中国14世纪杰出的理财大师。

沈万三太有钱了,就连当时的首都南京城,有一半都是他修筑的。朱元璋定都南京后,准备重修都城。可是由于连年的战乱,造成国库十分空虚,皇帝确实是没有那么多钱,只好向几个大户借钱。财大气粗的沈万三是当仁不让,主动表示承担一半的钱粮开销。

商人出身的沈万三自然有他的道理,自己这次出了大钱,而且是帮皇上的忙,这个功劳还小吗?如果靠上皇帝这棵大树,名利双收指日可待。

沈万三的自我感觉好极了,得意之情溢于言表。当今皇上都得靠我接济,这是何等荣耀啊!他与皇帝的工程同时开工,结果沈万三先于皇帝完工,朱元璋很不高兴。

修筑帝都三年之后，沈万三觉得"不过瘾"，又申请由自己"掏腰包"犒赏三军。全国军队每人银子一两，总共近百万两。看到这种情况，朱元璋更难受了，他本来就出身贫苦，再加上心胸狭窄，终于由妒而恨，"匹夫犒天子之军，乱民也，宜诛之"，从那时起，朱元璋下令收他重税每亩九斗三升，相当于亩产的一半多。

沈万三认为，自己是修建首都的头号功臣，而且还给大明的军队花了那么多钱，皇帝怎么也得向我这个"土财主"表示一下谢意。可是他忘了那句话：功高盖主。大明朝是人家朱元璋的，姓朱不姓沈，朱皇帝哪里容得下你沈万三这样的普度众生的"活菩萨"？

朱元璋看到沈万三比皇帝还富有，本来就很郁闷。后来又主动发钱犒赏三军，朱元璋不得不开始琢磨：花了那么多钱，会不会是想收买我的天下？就算你有再多的钱，我说句话就能给你安个乱民的罪名，把你的财富变成姓朱的！

朱元璋翻脸了，要不是马皇后求情，沈万三真要人头落地，最后还是发配云南，没收亿万家产。

曾经的荣华富贵一下子变成了过眼烟云，一贯养尊处优的他，根本受不了云南的凄凉清苦。身体上的折磨还是次要的，心理上的痛苦才让他不能承受，自己为了大明朝出了那么多的财力，最后却落得这样的下场，太窝囊了，不出三年，沈万三就在愤懑抑郁中死去了。

好事没办好，还惹来了一身祸。这个结果谁都不能怪，只能怪沈万三自己得意忘了形。皇帝缺钱的时候向你开口借，你给的钱比他借的还多；皇帝用来统治天下的军队，你却要上杆子去花钱犒劳。这么夸张地炫耀，这么地盛气凌人，别说是一国之君了，就是普通百姓有几个能看得过去呢。

相比明朝的全国首富，如今连续13年的世界首富是什么样子呢？他会不会同样不假思索地一掷千金呢？事实上不是的。他不仅为人类社会

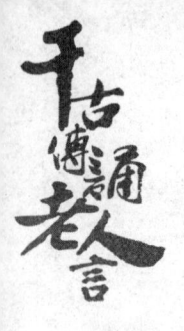

作出了杰出的贡献,而且,他给财富和财富的拥有者做出了新的定义,他就是比尔·盖茨。

比尔·盖茨出生于美国西海岸的西雅图的一个上层家庭,他是一名出色的学生,在高中时就曾断言自己会在25岁时成为亿万富翁。

盖茨的话确实应验了,1975年他创办了微软,微软公司的一系列产品如今已覆盖全世界,只要有个人电脑的地方几乎都有微软的身影。他是人类历史上第一个靠电脑软件积累亿万财富的先行者,也是有史以来最年轻的世界首富,在1996年的时候,他的财产是160亿美元。

生活中的盖茨和普通人没什么两样,他与妻子梅琳达很少去一些豪华的餐馆就餐,有时由于工作的需要,他才不得不光顾一些高级餐厅。通常情况下,他们会选择肯德基或是一些咖啡馆,有时还会一块光顾一些很有特色的小商店。

盖茨在与员工平时相处中,完全不像个有钱人,他不喜欢什么事都与钱挂在一起,有时候出席会议,他会租一辆很普通的汽车前往会场。每次坐飞机,他通常都坐经济舱,没有特殊情况,他是绝不会坐头等舱的。在微软,比尔已经成为每一个员工的榜样,他的作风感染了许多人。所以微软员工的朴素也是很出名的。

盖茨的生活朴素而低调,这并不是因为他吝啬或小气,这些习惯体现了他的价值观和工作作风。他在身体力行的同时,也是在培养员工的艰苦创业精神,这无疑是非常可贵的。

诚然,我们不能要求所有人都像古人所说的"无欲则刚",但也并不能如李白所畅言的"人生得意须尽欢"。凡事有度,适可而止。"木秀于林,风必摧之""枪打出头鸟",这些民谚都是古人留给我们的警示。

当今社会,人们的生活品质有了大幅度的提高,很多人开始向内敛含蓄的方向转变,得意而不忘形逐渐成为人们处世的准则。矜持低调、克己奉公、不事张扬，只有懂得这些生活道理并真正做到的人，才能站得更高、走得更远。

智慧典藏

在牢记"无限风光在险峰"的同时，我们更不要忘记"高处不胜寒"。人生得意时，一定要在内心给自己画一道警戒线，哪些是可以逾越的，哪些是不能触碰的。这体现了一个人的修养，身居高位而沉得住气，才是真正胸中含有大韬略的人。

福不可享尽，势不可用尽

【人生箴言】

世事变幻，人生无常。人生总有得意时，但是得意也要保持低调，时刻记住"锐者易折"的道理。

老子说："祸兮，福之所倚；福兮，祸之所伏。"权力没有永恒不变的，今天可以意气风发，明天你也可能成为众矢之的。所以，在你春风得意的时候，一定要有畏惧感和危机感，谨小慎微地为人处世。

很多人经历了几番风雨几度挫折，才渐渐地明白了：一个人得意的时候，不可能处处胜于人，也不要安逸时以为什么都可以享受一辈子。有得必有失，也许暂时的安逸，会让你遭到意料不到的天灾人祸。懂得这一道理的人，都应该收起"蛟龙腾跃嫉水窄，大鹏展翅恨天低"的自负；控制骄傲自满的情绪，经常反躬自省，才能功成名就。

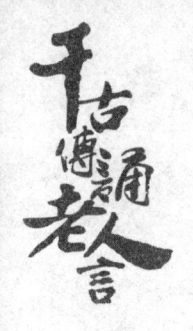

那些小病小灾纠缠一生的人，往往长命百岁、安享天年；而那些无病无痛、大红大紫的人常常遽祸忽至，猝不及防。命运往往是无常的，做什么都要低调，留有余地。要在"得意"的时候，忧虑可能来临的"失意"，励精图治，发愤图强。不然只会像陈后主，朝不保夕，依然"隔江犹唱后庭花"。

南北朝时期，陈后主是陈朝的最后一个皇帝。唐代有位诗人有感于陈朝灭亡，写下一首七言绝句，说的就是陈后主不理朝政，骄奢淫逸："商女不知亡国恨，隔江犹唱后庭花。"

本来陈后主即位之初政治比较清明，国家富强安定，可是这种情况持续的时间并不长，由于陈后主的骄傲自满，以为陈朝已经固若金汤，无须居安思危，所以终日花前月下，纵情酒色，放浪形骸，很快，起初的一代明君就变成了昏庸之君。

即位后不久，陈后主被弟弟叔陵斫伤，终日在后宫养病，只留当时他最宠幸的张贵妃陪伴于身旁，将其他妃嫔包括皇后都摒斥在外。皇后沈婺华，出身显贵，父亲为陈朝重臣，母亲是陈朝开国皇帝陈霸先之女会稽穆公主，她聪明贤淑，精通诗书礼仪，但因羸弱多疾，后主对她还不及一般妃嫔，这样一来备受宠幸的张贵妃宠冠后宫。

陈后主修建了许多富丽堂皇的宫殿，分别给张贵妃、孔贵妃等受宠的妃嫔居住。每日饮食起居均由这些人服侍，并且每次饮宴，都命诸妃嫔和女大士等吟诗作乐，选出较好的谱成歌曲，命上千名宫女习而歌之，轻歌曼舞终日弥漫整个后宫。张贵妃初入宫时，是龚贵嫔侍儿，偶然被后主见到，被其美色迷惑，对其宠爱有加，很快拜为贵妃，后生太子深。她又非常会察言观色，每次宴会宾客，张贵妃都会荐诸宫女参与其事，宫女们对她甚为感激，于是都在皇帝面前说她好的一面。

张贵妃得宠以后，陈后主越来越怠于政事，文武百官凡有奏章，都必通过宦官蔡脱儿、李善度等人才能达于帝前，而每次批改奏章，后主都与张贵妃共同定夺，张贵妃正好借此机会干预政事，朝中的大小事情没有她不了解的，后主见朝野上下的言论，张贵妃足不出宫都了如指掌，更加对她宠幸。可是后主并没有看到，政治形势的可危之处：朝中宦官佞臣，内外勾结，王公显贵，骄横不法，花钱买官者屡见不鲜。更有甚者，后宫犯法的，只要请张贵妃说情，后主往往都会既往不咎。荒于酒色的陈后主仍然没有意识到，"一时的兴旺并不代表一世的兴旺"，还继续过着骄奢淫逸的糜烂生活。

朝中正直的官吏实在看不下去了，上奏后主，阐明了朝中的混乱局势，并且力陈施文庆、沈客卿等人飞扬跋扈、专制朝政之举，可昏庸的后主已听不进任何忠言，先后将大臣毛喜贬谪出朝，右卫将军兼中书通事舍人傅縡赐死狱中。

耿直的大臣章华，上书后主说："陛下即位，于今五年，忘先帝之艰难，不知天命之可畏，溺于嬖宠，惑于酒色。祠七庙而不出，拜妃嫔而临轩。老臣宿将，弃之草莽，谄佞谗邪，升之朝廷。今疆场日蹙，隋军压境，陛下如不改弦易张，臣见麋鹿复游于姑苏台矣。"

后主收到这样的奏章不但没有悔过自新，而且一怒之下将其斩首，朝中官员见后主如此暴虐，都明哲保身，三缄其口，一个本来兴旺发达的国家就被陈后主弄得岌岌可危了。他总以为自己是那个"得志"之人，而不知道"失意"之日已不远矣。

陈后主本来可以避免亡国，但是奸臣当道，妃嫔蛊惑，更加上他自己不知居安思危，最终导致国家灭亡。古往今来，太多才高位高之人不是因为自身能力输于别人，而是因自己的功绩变得骄矜自恃，忘了"盛极必衰，物极必反"的道理，这样也终会被命运惩罚。

谢周是南北朝时期的名人，结交甚广，其中不乏王侯贵胄。一天，他应邀去朋友家赴宴。此人是王侯之子，排场相当大，整个宴会

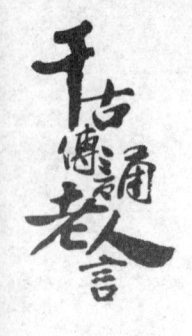

占据了方圆百丈的露天大场。

酒过三巡，朋友请谢周献歌一曲，谢周并没有推让，落落大方地为全场宾客演唱，优美的歌声把酒宴的气氛推向了最高点。

正在大家兴致正浓时，谢周饮罢手中的酒，整理好自己的衣衫，跟众人辞别。所有的人都很诧异，还有人怪他没有礼貌，扫了大家的兴。然而，他的这位朋友却很理解他，笑着说道："花要半开，酒要半醉。我只恨自己是举办宴会的主人，不能像他那样潇洒。"

花半开，酒半醉，在得意的时候懂得适可而止，才能享受到人生的真正乐趣。就拿故事里的谢周来说，他在宴会上出尽风头，如果继续下去肯定会招人忌妒，得罪人，所以不如见好就收，急流勇退。从谢周的身上我们看到的是适可而止的做人态度。

《菜根谭》中说："居盈满者，如水之将溢未溢，切忌再加一滴；处危急者，如木之将折未折，切忌再加一搦。"意思是，当一个人的权力达到鼎盛的时候，就像水缸中的水将要溢出来，这时候切忌再加一滴；一个人处在危急状况时，就像树木将折断还没有折断的时候，这个时候切忌再施加压力。

福不可享尽，势不可用尽，事物到了极致就会招来灾祸。然而，世人为什么总是迫不及待地想要看到花开到极致时的样子，酒也要饮到烂醉如泥方才罢休呢？其实，花在半开半闭之时最为美丽迷人，酒在慢品微醺时最为历久弥香，凡事不必都达到极致。同样的道理，在富贵权势面前，只要尝到甜头就应知足，千万不要贪得无厌，否则，你只能独饮自己酿制的苦酒。

智慧典藏

《史记·滑稽列传》中说："酒极则乱，乐极则悲，万事尽然，言不可极，极之而衰。"祸福之间是可以互相转换的，得意到了极点，往往就是失意的开始;最辉煌的时刻,就意味着你将开始走下坡路。所以,真正的智者懂得压低姿态,低调做人。

木秀于林,风必摧之

【人生箴言】

俗话说:"枪打出头鸟。"一个人做事太过高调,就会成为众矢之的,在生活中,我们要学会韬光养晦,我们要明白显眼的花草最易招来别人的摧折。

"木秀于林,风必摧之;堆出于岸,流必湍之;行高于人,众必非之。"这段话出自三国魏人李康的《运命论》,意思是:树木在山林中过分清秀而出类拔萃,必然会被风摧毁;石堆比海岸还要高,流水必然会冲击它;行事为人事事高于别人,难免别人会毁谤你,产生非议。

这是一段很有哲理的生存博弈论,说明了为什么很多人都把韬光养晦作为自己修身养性的必要法门。无论在怎样的环境之下,如果你事事表现得很聪明,那么危险也会随之而来。一个真正聪明的人,必然会懂得这个道理。

《菜根谭》中有一句话:"聪明人宜敛藏,而反炫耀,是聪明而愚懵其病矣,如何不败?"这句话的意思是,聪明有才华的人应该掩藏自己的才智,如果到处炫耀张扬,那么他的言行就跟愚蠢无知的人没有区别,他的事业哪有不失败的道理?这是那些自以为是的聪明人一定要记住的座右铭。

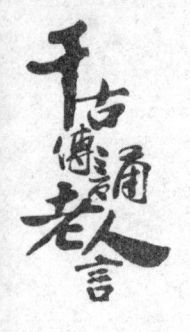

然而，在生活中，很多人正是因为急于表现自己的才华，才导致四处碰壁，举步维艰，甚至因为太露锋芒而丢了性命，杨修就是一个很好的例子。

三国时期，曹操的谋士杨修是个聪明绝顶的人，但是最后却遭到了曹操的诛杀，一切都源于他的聪敏过人。

有一年，工匠们为曹操建造相府的大门，当门框做好，准备做门顶的椽子时，恰好曹操走出来观看。曹操看完后在门框上写了一个"活"字，便扬长而去。

杨修见状，立即叫工匠们拆卸重做，并说："丞相在门框上写个'活'字，意思是门中有活即'阔'字，就是说门做得太窄太小了，要扩大。"杨修的确够聪明，竟然能够从一个字揣摩出曹操的心思，但他的聪明，也招致了曹操的嫉恨。

建安二十四年，曹操与刘备争夺汉中，屡遭失败。曹军不知该进还是退，曹操便以"鸡肋"二字为夜间口令，将士们都不解其意，只有杨修明白："鸡肋就是吃起来没什么味道，丢掉又觉得可惜，丞相的意思是要撤兵啊！"他便私下告诉大家收拾行装，随时准备撤兵。没多久，曹操果然下令撤军了。当曹操知道杨修事先把机密告诉大家时，终于找到了借口，以"泄露机密，私通诸侯"的罪名将杨修杀掉。

具有实力和能力的人不一定会笑到最后，即使不是由于自己的张扬惹得他人生厌，也会因为才能而招致旁人的忌妒。杨修的头脑足够聪明了，仅从一两个字就能知晓他的上司曹操的心意，但是他却没有什么大智慧，不知道上司曹操忌讳的是什么。

三国时期，群雄争霸看的是谁能够坚持长久，谁能够笑到最后，这其中性格比较急躁的诸侯，如董卓、袁术、袁绍都早早地失败了，因为他们太急功近利、锋芒毕露了，所以过早地消耗掉了实力，失去了民心的支持。而雄霸一方的曹操却不着急称帝，刘备就更加小心潜伏着。且

看一段印于历史的佳话"青梅煮酒论英雄":

东汉末,曹操挟天子以令诸侯,势力大;刘备虽为皇叔,却势单力薄,为防曹操谋害,不得不在住处后园种菜,以为韬晦之计。

一天,刘备正在浇菜,曹操派人请刘备,刘备只得胆战心惊地一同前往入府见曹操。曹操不动声色对刘备说:"在家做得大好事!"说者有意,听者更有心,这句话将刘备吓得面如土色,曹操又转口说,你学种菜,不容易。这才使刘备稍稍放下心来。曹操说:"刚才看见园内枝头上的梅子青青的,忽然想起去年去征讨张绣时,道上缺水,将士们都口渴;我心生一计,用鞭虚指说:'前面有梅林。'军士听了这句话,嘴里都生出唾沫才不渴。今天见此梅,觉得不可不赏,恰逢煮酒正熟,故邀你到小亭一会。"刘备听后心神方定。随曹操来到小亭,只见已经摆好了各种酒器,盘内放置了青梅,于是就将青梅放在酒樽中煮起酒来,二人对坐,开怀畅饮。酒至半酣,忽然阴云密布,大雨将至,随从遥指天边的龙挂,曹操与刘备凭栏观之。曹操说:"你知道龙的变化吗?"刘备回答说:"我不知道,愿闻其详。"曹操说:"龙能大能小,能升能隐;大则兴云吐雾,小则隐介藏形;升则飞腾于宇宙之间,隐则潜伏于波涛之内。方今春深,龙乘时变化,犹人得志而纵横四海。龙之为物,可比世之英雄。玄德经常在外游历,一定知道当世的英雄。请你说说当世英雄是谁?"刘备装作胸无大志的样子,说了几个人,都被曹操否定。

曹操此时正想打听刘备的心理活动,看他是否想称雄于世,于是说:"夫英雄者,胸怀大志,腹有良谋,有包藏宇宙之机,吞吐天下之志者也。"刘备问,谁能当英雄呢?曹操单刀直入地说:"当今天下英雄,只有你和我两个!"刘备一听,吃了一惊,手中拿的筷子,也不知不觉地掉在地上。正巧突然下起大雨,雷声大作,刘备灵机一动,从容地低下身拾起筷子,说是因为害怕打雷,才掉了筷子。曹操此时

才放心地说，大丈夫也怕雷吗？刘备说，连圣人对迅雷烈风也会失态，我还能不怕吗？刘备经过这样的掩饰，使曹操认为自己是个胸无大志，胆小如鼠的庸人，曹操从此再也不疑刘备了。

当曹操高谈阔论、眉飞色舞、肆无忌惮地抒发英雄气概之时，刘备却能寄人篱下，忍辱负重。试想这般忍辱对于一个英雄来说是需要多大的气魄！由此也证明了一句话：雄伏是为了雄飞，而非隐退；沉默是为了雄辩，而非噤声；忍辱是为了雪耻，而非饮恨。

古书云："君子藏器于身，待时而动。"一个人的才能就像刀剑的锋刃，可以加以利用，亦可为其所害。因此，夸饰自己的才能好比随意向别人袒露防身的武器。有才之人须懂得藏锋不露，隐器于身，待时而动。不然，喜欢炫耀而不知收敛，必将招致祸患而不自知。

智慧典藏

中国有这样一个成语，"韬光养晦"，换句话说，就是"有所为有所不为"。这种观点，正是做人做事的哲学。因为，它能有效避免自己成为出头橼子；而作为做事手段，又能出其不意地获得成功。这种心理战，是许多成功人士的"看家法宝"。

水退石头在，好人说不坏

【人生箴言】

"是非止于智者，清者自清，浊者自浊"，流言是经不起推敲的，只要自己身正，则一切都不足为惧。

俗话说，哪个人前不说人，谁人背后无人说。人活于世，身后难免会有是非流言，也难免会被别人议论，甚至被误解。在这样的情况下，很多人都可能会伤心、难过，情绪难免会被流言左右。其实，只要你能冷静下来想一想，这是大可不必的，因为所谓的"流言"只不过是你耳边的一阵风而已，在它产生的一瞬间便已经没有对错之分，如果你与其较劲，就是在拿别人的错误惩罚自己。

所以当我们在生活中听到有关于自己的"是非流言"时，只要将其搁置一旁不予理睬，一段时间后它便会烟消云散，因为"是非止于智者"，流言是经不起推敲的。

慧缘法师是唐代著名的法师，他曾独自一人在寺院后的山岩洞上修持了10年，后来又回到了承天寺，每夜都会在寺里通宵打坐。

有一天，大殿上功德箱里面的钱突然丢失了，法师无疑成为众人怀疑的对象。因为在他回寺之前从未发生过此类的事情，而且大家都知道他每夜都会在大殿内打坐，如果是别的盗贼前来行窃，他应该知晓才是。但是，当寺院住持当众说这事的时候，慧缘法师并没有任何的反应，所有人都认为偷功德款的人一定就是慧缘了。所以，全寺中的众僧人以及和尚、居士无不对慧缘法师另眼相看，都向他投来鄙视的目光。

但是，慧缘法师处在这种人人怒目相视的环境中，仍然能够心平气和，若无其事。他既没有站出来喊冤叫屈，向众人申明一切，也并没有流露出半点受委屈的情绪，与平常没有两样，每天按时去吃饭，每晚还是照样去大殿打坐。

终于，在七天后，寺中的住持才来揭开了谜底：原来功德款根本没有丢失，这是住持在考验慧缘法师，想知道他在山洞中住的10年修炼到了什么样的境界。没料到他竟能在遭遇冤枉的情况下，依然不改常态，以

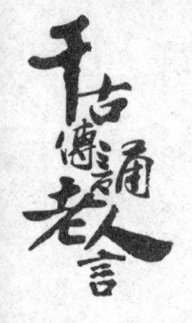

一颗平常心去生活,为此,全寺上下无不由衷地对他产生了崇敬。

清新脱俗的莲花,出淤泥而不染,濯清涟而不妖。但倘若没有淤泥,又如何生得出莲花呢?每个人都无法左右别人的思想,但命运并不会因为别人对你的歪曲和误解而定格你的人生,很多人可以对你指手画脚,但他们没有决定你命运的权利。

很多时候,流言只是一些无聊的人在无聊的生活之余的谈资而已,本身并没有什么恶意。对于这些随口而出的评价,我们也完全可以置之不理,即便是偶然从他们身边路过听到,也可以一笑了之,没有必要将之放在心上。

我们常说,"要快乐地生活就要保持一颗平常心",在波澜不惊的日常生活中,很多人尚可能够做到这一点。但是当你面对各种利益纷争的时候,还能够保持心平气和吗?自己如遇到被冤枉、被暗算等这些不平事情的时候,我们的心情还能悠哉地宠辱不惊吗?

阿雯是北京一家广告公司的职员,她与同事美雅是非常好的朋友。美雅比她早一年进公司,所以,刚开始阿雯就受到了美雅的照顾。每当阿雯遇到难缠的客户,美雅都会主动帮她搞定。当她遇到困难的时候,美雅也会主动去帮她解决。在与美雅一年多的相处和合作中,她们就成了无话不谈的闺中密友。

后来,阿雯凭借其在业务上的成就,做到了销售部管理者的职位,但是,正在自己欣喜的时候,她却收到了来自好朋友美雅的意外之"礼"。

那一次,阿雯与美雅共同负责一个来自国外客户的关于新产品市场推广方面的新闻发布会,因为事前阿雯对客户提供的新产品的资料做了详尽的了解,她提出的一个推广方案就得到了客户的赞赏,客户要求要与她单独见面。当时,阿雯也能感到美雅的尴尬,想去安慰她。

但是她后来又想，以她们之间的亲密关系，美雅应该是不会介意的。

但是，第二天上班后，阿雯听到所有的同事都在小声地议论她。后来，她才得知是自己的好朋友美雅散布的谣言，说自己昨天与客户在酒店交谈彻夜不归。看到同事们都在用异样的眼光看自己，阿雯感到十分揪心。随后，这件事就成为其他同事茶余饭后的谈资……

那个时候，阿雯感到受到了屈辱，痛苦极了。但是她又相信：是非止于智者，清者自清，浊者自浊，时间会证明一切。随后一段时间，大家也都觉得美雅所说之事经不起推敲，也就没人再提起此事了。

阿雯在无意之中被卷入了"是非"之中，但是她不予理会，最终谣言也不辩而散了。所以，在生活中，我们也要相信"是非止于智者，清者自清，浊者自浊"的道理，将谣言搁置一边不予理睬，这样才不至于让谣言扰乱我们的正常工作和生活，最终也能让自己获得内心的平静。

其实，一些带有攻击性的恶意的流言，大多是在人们不平衡的心理作用下产生的。对于这样的流言，我们更应该一笑了之。因为别人忌妒你，说明你比对方优秀，一个优秀的人是没有必要与一个不如自己的人计较的。再者，这些带有攻击性的恶意的流言，是对方故意让你伤心难过的，如果你真的为此而伤心、难过，岂不是正中了对方的下怀。为此，对于一些恶意的流言，我们也完全可以置之不理。但是，对于一些子虚乌有，且已经对自身的名誉造成了重大损害的流言，我们则可以考虑以法律的形式加以追究，即便是借助法律武器，也没必要有太大的心理压力，因为一切都是人之常情而已。

另外，一些流言如果真涉及自己的言行有失，也应该及时注意并加以改正，将之看作一个完善自身的机会，切不可为此而陷入极大的精神压力之中。

同时，如果你是个胆小懦弱、害怕"众口铄金"的人，要想自己不为流言所左右，最好是谨言慎行。如果你是个开朗乐观的人，就没必要

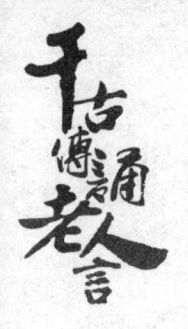

在这种事情上浪费自己的时间了。因为你的人生是属于自己的,跟别人又有什么关系呢?要知道,每个生命个体从本质上来说,都是独立的。

总之,路是你自己的,人生也是你自己的,没必要太去在乎别人的看法。任何人的看法与建议都不能从实质上改变什么。真正懂得对自己好的人,是能正视流言、有所取舍的人,这样的人才能更为真实、快乐和惬意地活着。

对于别人的评论,我们应当学会释然。无论是在哪种场合,无论我们是否美若天仙,我们都不必活在矫情之中,活在别人的世界,处处担心别人怎么想自己,看待自己。而应该经常对自己说:"哦,没有人注意我,真好!"当你懂得了这种释然,你就会体会到什么才是真实的、无忧无虑的生活。

水落现石头,日久见人心

【人生箴言】

水落现石头,日久见人心。要想看清谁是自己真正的朋友,就得在逆境中验证。真正的朋友是你遇到困难的时候,站在你的身边,和你并肩战斗,一起承担的人。

有人说,真正的朋友,一是你可以向他开口借钱的,二是你随时可以跟他说话谈心打电话的。但是,这两点已经不是评判真假情谊的标准了。因为"锦上添花易,雪中送炭难",在你春风得意的时候,大部分的人都想借钱给你，会听你发牢骚。一旦你出了事，情况就不同了。别说借钱，就是迎面相逢也会躲着你走。到这个时候，你才会明白，原来从前的情谊均是逢场作戏而已。

因为如此，我们在生活中常听人议论："真的出事了，才看出到底谁和你亲。"一句简单朴实的话，却道尽了患难见真情的深刻道理。真正的朋友应该"有福同享，有难同当"，而不是如墙头草般随风倒，没有一颗坚定的心去对待朋友。当你在患难中时，不要焦虑，真正的朋友一定会帮助你摆脱困境。而我们，如果也能以一颗诚挚的心去对待朋友、珍惜朋友，我们的朋友也不会在困难之中抛弃我们。

晋代人荀巨伯得知朋友生病，卧床不起，便前去探望朋友。恰逢山贼攻进城内，他们烧杀掳掠、无恶不作，老百姓抛家携口，四散逃命。朋友也再三规劝荀巨伯，说自己重病在身，也活不了几天了，让他尽快逃命要紧，而荀巨伯就是不走。他说："我是远道而来专门看你的，现在山贼来了，大难临头，我怎么能只顾自己，扔下朋友不管呢？"说罢，便若无其事地给朋友熬药去了。

等他把药端到床头时，门被砸开了，一群山贼冲了进来，发现城里竟然还有没逃走的人，于是问他："你是什么人？胆也太大了，全城的人都走了，你为什么不跑？"

荀巨伯站起身，从容地走到他们的首领跟前，指着躺在床上的朋友说："我的朋友病得很厉害，根本无法下地行走，请你们快快离开这里吧，别吓坏了我的朋友。你们有什么事尽管找我好了，如果要死的话，我可以替他死，绝不会皱一下眉头。"

在场的山贼听了先是一愣，而后也被他大无畏的舍身为友的态度感染，心中很是钦佩，他说："没想到这里还有品格如此高尚的人，我们这些没有道义的人，却闯入了有道义的地方！"说完，便带着人出城走了。山贼撤走之后，全城人的生命财产都得以保全，荀巨伯和他

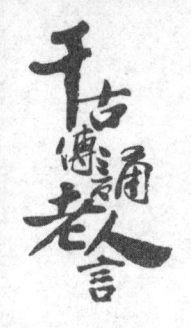

的朋友也成了生死之交。

荀巨伯能在朋友危急时不离不弃，这份大义就连烧杀掳掠、无恶不作的山贼都能被感动。患难中伸出援手，哪怕只是一句温馨的安慰，对方也会铭记于心。等到将来你有需要时，他就会像及时雨一样，来到你的身边助你一臂之力。而现实生活中，有些人却在别人摆脱困难的纠缠后，才说漂亮话："怎么会这样啊！早知道你有困难，我一定会帮上点忙的！"有这种说辞的人，与其说他不知道别人正需要帮助，倒不如说他根本就不想拉别人一把。

有一个女人，嫁给了没爹没娘的一个穷小子。结婚以后两人十分恩爱，男人给人开车挣钱，女人在家操持家务。不到一年就生了一个大胖儿子，一家三口其乐融融。可是，常言说得好："贫贱夫妻百事哀。"很快他们就吵了起来，日子就这样风一天雨一天地过着。不久，使人始料不及的事情发生了，男人出车送货时，把人撞死了。他吓得一溜烟地跑回了家，女人说："这还了得，已经成肇事逃逸了，快去投案自首。"

自首后，男人就被拘留了，女人擦干了泪水，找了一份打扫卫生的工作，整天带着孩子，风雨无阻地在大街上扫街。有空就到处去借钱，赔偿给死者的家属。整整折腾了大半年，案子终于有了结果，男人被释放了。他回到家后，看着那宝贝儿子又白又胖，看着家里也是井井有条，再看看妻子，却是又黑又瘦了，感动得不知道说什么好。

从此以后，两个人就再也不吵架了，日子又如新婚时那样甜甜蜜蜜。

常言道："路遥知马力，日久见人心。疾风知劲草，患难见真情。"只有经得起考验的人，才是真正可靠的人，这份感情才是真正的感情。

人的一生中，遇到坎坷是难免的，走向成功也不是那么容易的事。当你深陷困境时，最需要的就是别人向你伸出的援助之手。那么在别人深陷困境时，你会不会向别人伸出你的援助之手呢？

从进退之道来说，生活中，在关键时刻拉人一把。要知道这时候即使不用很费力地帮助别人，别人也会牢记在心。当你在前进时，他才会助你一臂之力，而你在后退时，他才会为你遮挡风雨。当然施恩不图报，如果人家不记得了，也不要因此怨恨人家。而别人在关键时刻拉了自己一下，我们也要记得知恩图报。因为一个懂得感恩的人，才会让人觉得值得帮助。

逆境时的朋友才最珍贵。所以我们尤其需要珍惜那些把自己从水里拉上岸的朋友，因为，在你以后的人生旅途中，他将是你的支撑，你无论遇到什么情况，他都能始终站在你身边，给你强力的支持。

知足得安宁，贪心易招祸

【人生箴言】

拥有的念头固然不为错，但这世间美好的东西实在是太多了，我们总希望让尽可能多的东西为自己所拥有，如果你一直觉得不满足，那么即使你拥有了整个世界，也会觉得伤心。

每个人都希望自己有所得，有所成就，有所收获。什么是最大的收

获呢？事实上，很多我们梦寐以求的东西就像是盐巴那样，生活中少不了它，但是，如果贪得无厌，就品尝不到应有的美味。这个世界上，无论任何时候都不能过分贪婪，正所谓"无欲则刚"，不贪得无厌，心境也就自然平静清凉。

一个聪明的人就要学会修剪自己的欲望，不让那些不必要的贪念支配你的生活，这样才能享受到生活的美好，就像下面这个商人一样，最后他听了朋友的话，及时地遏制住了自己的贪婪之心，从而享受到了属于自己的生活。

有一个外国商人，他坐船到了西班牙海边的一个渔村。他在码头上看见了一个西班牙渔夫从海里划着一艘小船靠岸，船上有好几尾大鱼。外国商人对渔夫能抓到这么高档的鱼表示赞叹。然后问他："您每天要花多少时间就可以抓到这么多鱼？"渔夫说："一会儿工夫就抓到了。我不用费多大力气。"

商人说："为什么你不再多抓一会儿，这样你就可以抓到更多的鱼了。"西班牙渔夫觉得不以为然，他说："这些鱼已经够我一家人一天的生活了，我为什么要抓那么多呢？"

商人又问："那么你只是花一小会儿的时间抓这些鱼，剩下的时间你怎么打发呢？"渔夫说："我每天的事情很多啊，我睡到自然醒，然后出海抓几条鱼，回去和孩子们玩一玩，再睡个午觉。黄昏的时候到村子里找几个朋友喝点酒，再弹会儿吉他。这日子也很充实。"

商人听了摇了摇头，并且帮他出主意："我可是美国著名大学的博士，我给你出一个主意你可以挣大钱。你应该多花一些时间去抓鱼，然后攒钱买条大些的船。到时候你就可以抓更多的鱼，再买渔船，到时候你就可以拥有一个渔船队。你直接把鱼卖给工厂，这样可以挣更多的钱。然后你还可以开一家罐头厂。这样你就可以离开渔村，到城市里去做有钱人。"

渔夫问："我要达到这些目标需要花多少年的时间呢？"

商人说："十五年到二十年。"

渔夫问："然后呢？"

商人说："然后？然后你就会更加有钱，你可以挣好几个亿呢！"

"再然后呢？"

商人说："那你就可以退休了，你可以搬到海边的小渔村去住，享受清新的空气，每天睡到自然醒，然后出海抓几条鱼，回去和孩子们玩一玩，再睡个午觉。黄昏的时候到村子里找几个朋友喝点酒，再弹会儿吉他。"

渔夫听完，非常不解，他说："难道我现在的生活不就是这个样子吗？那为什么我还要花那么多的时间去折腾自己呢？"商人最终无话可说。

终点又回到了起点，看似有些可笑滑稽，可是，这也向我们阐述了这样一个道理，那就是人应该力求顺其自然，活得简单一些，这样可以使幸福持续得更为长久。你可以仔细想一下：其实人生的最终追求不外乎如此，如果你感到此刻的自己是幸福的，又何必还去苦苦奢求那些劳累人心的妄想。

很多人都像这位商人最初的想法一样，将人生的包袱紧紧地压在心头。我们明知道这样很辛苦，但是我们还往往不愿意放下，结果弄得自己又苦又累。每个人都有欲望，都想过美满幸福的生活，都希望丰衣足食，这是人之常情。但是，如果把这种欲望变成不正当的欲求，变成无止境的贪婪，那我们就会无形中成了欲望的奴隶。

其实，在我们的一生中，每一个人所拥有的财物，无论是房子，还是车子……无论是有形的，还是无形的，没有一样是属于你自己的。那些东西不过是暂时寄托于你，有的让你暂时使用，有的让你暂时保管而已。到了最后，物归何主，都未可知。总是对身外之物有着无尽的贪

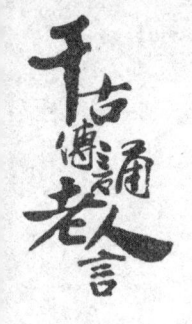

婪，那么到头来，幸福、快乐也会对你无比刻薄。

从前有一个乞丐，他经常自言自语地说："我真想发财呀！如果我发了财，我要让所有的乞丐都有房子住，吃饱穿暖，我绝不做吝啬鬼……"

就这样一遍遍地祈祷，终于有一天，一个神仙找到了他。神仙对他说道："我听到你的祈祷了，你就要发财了，我这就给你一个有魔力的钱袋。这钱袋里永远有一枚金币，是拿不完的。但是，在你觉得够了的时候，就必须把钱袋扔掉，才可以开始使用那些金币。"说完，神仙就不见了。

这个乞丐惊讶地揉了揉眼睛，以为自己是做梦。不过，他发现自己的身边真的出现了一个钱袋，里面装着一枚金币！乞丐把那枚金币拿出来，里面又有了一枚。于是，乞丐不断地往外拿金币，他一直拿了整整一个晚上，金币已有一大堆了。看着这些钱，这个乞丐想：这些钱已经够我用一辈子了。

第二天一早，他拿着这些钱，准备到街上买面包吃。但是，在他花钱以前，必须扔掉那个钱袋。他舍不得扔掉那件宝贝，他又继续从钱袋里往外拿钱。每次当他想把钱袋扔掉的时候，他就总觉得钱还不够多。

就这样，日子一天天过去了，他的金币越来越多，多到可以买下一个国家。可是，他总是对自己说："还是等钱再多一些才好。"于是，他不吃不喝拼命地拿钱，金币已经快堆满一屋子了，但他却变得又瘦又弱，脸色蜡黄。他虚弱地说："我不能把钱袋扔掉，金币还在源源不断地出来啊！"

没过多久，因为水米未进的缘故，这个已经成了大富翁的乞丐，看起来却非常虚弱。但即便如此，他还是在用颤抖的手往外掏金币。最后，由于又累又饿，他死在了成堆的金币里。

在现实生活中，如这个乞丐一般的人不在少数。他们总是希望拥有得越多越好，爬得越高越好，结果当然是疲惫不堪，反而让自己丢失了更多——健康、亲情、友谊，乃至生命。小学的时候我们的语文课本里有一篇课文叫《猴子下山》，它就给我们灌输了贪婪将会一无所有的思想，其实，在生活中，我们的父辈们也会在我们耳根子旁念叨：做人啊，要本分，不要丢了西瓜捡芝麻，他们用他们的生活经验告诉我们人生的道理，做人不能贪婪。的确，我们每天都在奔波劳碌，每天都在幻想填平心里的欲望，但是那些欲望却像是反方向的沟壑，你越是想填平，它就向下凹得越深。

我们要知道，欲望太多，就成了贪婪。贪婪就好像一朵艳丽的罂粟，美得我们兴高采烈、心花怒放，于是我们就不对它设防，忘了它其实是有毒的，那是一种让你身心疲惫却永远也感受不到幸福的毒……一旦中了贪婪的毒，我们的心灵就会被索求占据，我们的双眼就会被虚荣模糊，我们就永远不会懂得生活的真谛，因为陷于贪婪之中的人，除了对财富感到满足，不会将其他事情放在心上。一旦财富流失，就会变得暴躁、沮丧，以为世界末日即将来临，从而患得患失，不愿睁开双眼看看世界的美妙。所以，为了一个快乐的心情，为了一份美好的生活，我们要将贪婪这朵有毒的罂粟，彻底地从我们的心里拔出。

人生在世，有时候会伴随着欢笑与快乐，但有时候也会被忧虑与烦恼侵扰。很多时候，我们会烦恼是因为我们的内心被欲望浸染，于是心中就充满了矛盾、忧愁、烦恼，给我们的内心带来了痛苦和惶惑。我们想要得到心灵的快乐，那么就不应该一味奢求华屋美厦，不垂涎山珍海味，不追名逐利，不贪慕富贵，过一种简朴素净的生活。一些外在的财富也许不如人，但内心充实富有才是真正的生活。否则，你每天都处于抱怨、急躁的情绪之中，又怎能感受到生活的轻松。

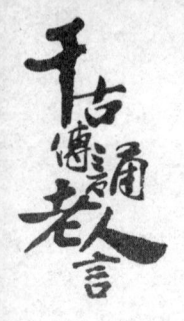

智慧典藏

知足得安宁，贪心易招祸。所以，我们要拭去落在心灵上的灰尘，扫除那些吞噬内心的欲念，把世俗的杂音予以抛弃，把一些美好的东西保留下来，始终保持自己那颗宁静的心，品尝来自内心的沁人心脾的馨香。

广交不如择友，投师不如访友

【人生箴言】

广交不如择友，投师不如访友。朋友在很多时候总是潜移默化地影响着我们，就像老师一样影响着我们的价值观、人生观，所以，择友一定要慎重。

人，有好坏之分，朋友，亦有可交不可交之理。在你的一生中，特别是在你为成功而奋斗之初，你可能更需要寻找朋友，但是，你要注意，你所处的环境和结交的朋友，对我们的一生会产生很大的影响。可以说，有怎样的朋友就会有怎样的命运。所以选择朋友一定要慎重。好朋友是一生的宝贵财富，坏朋友可以导致一生的悔恨。不要结交那些对你有害无益的朋友，更不要被拖入他们的浑水之中。

一个人如果长期处于不良的社会环境里，久而久之，必然会受到这种环境的熏染。古语有云"与善人居，如入芝兰之室，久而不闻其香；与不善人居，如入鲍鱼之肆，久而不闻其臭"，讲的就是这个道理。所以，在结交朋友时，要时刻远离坏的朋友。

在《列女传》中记载了孟母教子的一段故事：孟子的家最初与一处公墓相距不远，小孟轲每天都看着一些送葬的情景，自己就模仿他们的样子每天在沙地上埋棺筑墓。孟母发现了这样的地方对孩子影响不好，于是就把家搬到了一个集镇。小孟轲又学着那些担挑卖货的人吆喝叫卖，孟母只好再次搬家。最后，孟母带着小孟轲搬到了一所学校附近，孟轲开始模仿学校的孩子们，在游戏中摆弄俎豆祭器，学习揖让进退的礼仪。这次孟母才终于放心地说："这里才是我孩子可以居住的地方啊！"孟轲从此勤奋学习，终于成了一代儒家宗师。

孟母择邻的故事生动地说明了选择一个好的环境对于一个人的重要性，交友亦是如此。经常沟通、交流，甚至是朝夕相处、形影不离的朋友，在思想、言论、行动和各方面相互的影响濡染的力量是绝不能低估的。俗语说"近朱者赤，近墨者黑"，说的就是这个道理。

选择好的朋友，与那些乐观正直、富有进取心、品格高尚和有才能的人交往，才能保证你拥有一个良好的学习和生活环境，获得丰富的精神食粮；才能获得朋友的真诚帮助。如果你在择友上能做到像孔子所说"无友不如己者"那样，那么你的成功也指日可待了。

这些都证明了你在择友时一定要在"良"上下功夫。但是，"金无足赤，人无完人"，每个人都会有这样那样的不足，那怎样的友才能算是"良"呢？选择朋友，首要的当然是要看他的本质，也就是说主流必须是好的。如果这个人能与你坦诚相处，道义上能互相勉励，当你有了成绩能与你分享，有了过错能严肃规劝。那么这种能真诚待你的人，能指出你过错的人，能使你对真、善、美的事物更加向往，使你变得更高尚、更富有智慧的人，就是你应当寻求的朋友。与这样的朋友建立起健康而真挚的友谊，会给你的前进增加动力，并使你终身受益。

相反，如果你择友不慎，恰恰结交了那些思想消极、品格低下、行为恶劣，甚至可能使你变得庸俗低下或使你思想品德"滑坡"的朋友，

他们或以哥们儿义气拉拢迷惑你，或是没有原则，不讲是非，拉帮结派煽动你，甚至会拉你堕入犯罪的泥潭，这种所谓的"朋友"即便交了，你也一定要放弃。

有位心理学和动物学的专家曾做过一个有趣的对比实验：它在两间墙壁镶嵌着许多镜子的房间里，中间用一个玻璃隔开，并在两个房间里分别放进一只猩猩。最初他在每个房间里放的都是性情温顺的猩猩。这两只猩猩一进到房间里，就高兴地看到玻璃的另一面及镜子都有许多"同伴"对自己的到来报以友善的态度，于是它们很快地与这个新的"群体"打成了一片，奔跑嬉戏，彼此关系十分融洽。三天后，当专家将其中一只带出房间时，它们还恋恋不舍。当专家把其中的一个房间里的猩猩换成了另一只性格暴烈的猩猩，这时那只原本温顺的猩猩从这只暴烈的猩猩一进入房间的那一刻起，就被它连同镜子里面的那只暴烈的猩猩的影子的凶恶态度激怒了，于是它开始与这个新的"群体"进行无休止的追逐和厮斗。三天后，这只原本温顺的猩猩被专家拖着带出了房间，因为这时的它已经因气急败坏、心力交瘁而死亡。

从这个实验我们不难看出，当一个人身陷恶劣的环境难以自拔时，很容易受到"恶友"的连累，成为无辜受难的"猩猩"。但是，在现实生活中，确实有很多的功利朋友，他们看中的是你的权势、关系。脱离坏朋友的最佳方法，就是尽量去接近好朋友，久而久之，就会净化自己身心，发觉过去的错误，走上人生的光明大道。

交友，实际是在为自己的生存环境而谋设。我们都知道同样的蔬菜在不同的水中浸泡一段时间后，将它们分开煮，其味道是不一样的。根据这个原理可知，人在不同的环境里，由于长期耳濡目染，其性格、气质、素质和思维的方式等方面都会有明显的差别。"泡菜效应"揭示了"人是环境之子"的道理，环境对人的成长具有不可抗拒的影响作用。

所谓"染苍则苍,染黄则黄",你在交友时假如不慎已交上了坏朋友,就应该采取渐而远之的态度,必要时要立刻与他断绝来往,避免被拉下水,抱憾终身。要知道:把一只烂苹果留在筐里,会使一筐苹果都腐烂掉。

智慧典藏

俗话说:"近朱者赤,近墨者黑。"一个人性格的形成、生活的方式,甚至自身的价值观等等,都或多或少地受到朋友的影响。一个人的朋友如何,对自身的发展注注起很大作用,这是一种看不见的潜移默化的力量。所以,选择朋友的时候一定要谨慎,结交可交之友,才能给自身带来正能量,才能相互促进,共同成长。

猫鼠不同眠,虎鹿不同行

【人生箴言】

交友贵在价值观相容。"道不同不相为谋",在原则问题上,假设一方赞成的恰好是一方反对的,久之必然反目成仇。物以类聚,人以群分——成功就是看你跟谁在一起。

想要成为什么样的人,就要跟什么样的人在一起。你要想快乐,就要和快乐的人在一起;你要想积极,就要和积极的人在一起;你要想优秀,就要和优秀的人在一起;你要想成功,就要和成功的人在一起。

在现实生活中,你周围的人会影响你,他们可能改变你的成长轨

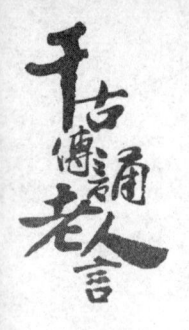

迹，甚至决定你的人生成败。多与那些比自己优秀的人在一起，就可以学最好的别人，做最好的自己。借助别人的智慧，成就自己的未来，这就是成功的秘诀。

为什么会产生这样的效果？是因为当你和比你优良的人在一起时，你就有前进的目标。在你犯错失败的时候，他会帮你检查总结教训；当你努力成功的时候，他会提示你重新给自己定位。与这样的人在一起，他总是在有形无形当中，帮你修正前进的方向，让你离成功越来越近。

克林顿在没有见到肯尼迪总统之前，他读的是音乐系，吹萨克斯管。后来，他17岁时碰到肯尼迪总统，从此，他就决定将来要当总统。如果假设他当时碰到的是猫王，他可能永远也当不了总统。正如"成人教育之父"卡耐基所说，一个人的成功15%取决于他的专业知识，还有85%取决于他所处的人际环境。

欧阳修是北宋著名的文学家、政治家。他在颍州当长官的时候，手下有一个名叫吕公著的年轻人。有一次，欧阳修的好友范仲淹路过这里，便到他家中拜访，欧阳修邀请吕公著一同待客。席间，范仲淹对吕公著说："你能在欧阳修身边做事真是太好了，你应该多向他请教作文写诗的技巧。"此后，在欧阳修的言传身教下，吕公著的写作技巧提高得很快。

《论语·里仁》云："见贤思齐焉。"如果一个人周围都是一些道德高尚的人，那么这个人也会通过努力，去赶超他们。同样地，如果一个人总是与一些道德素质低下的人交往，久而久之他的品性也会变得恶劣。

古时候就有"孟母三迁"，孟母搬家的目的就是要和有德行的人在一起，这样才有助于孩子的成长。

大卫·马克特兰博士做了多年的研究，他的研究结果表明，人们选择的"参考团体"是决定这个人未来的最大因素。

每个人的参考团体就是这个人认同的，并与之不断来往的，和自己同性质的团体。

家庭是一个人的第一个参考团体，它对一个人评估自己及环境的态度有着重大的影响力。那些积极而支撑孩子的父母，会激励自己的孩子重视自己的才能。

大卫·马克特兰博士从科学的角度解释了，为什么我们的生活方式和做事方式总是被周围的人影响着。在我们的成长过程中，我们会自然而然地寻找并且吸引那些和我们相似的人，由于和他们有很多共同点而认同他们，他们就是我们的参考团体。

当我们进入学校，学校和同学就成了我们参考团体的成员。当我们走向社会时，我们的校友与工作伙伴就成了参考团体的成员，随着时间的不断累积，我们会在心里塑造出自己的形象，我们会采用和这些人雷同的价值观、态度、行动、思想、意识形态及信仰。

由于参考团体对我们有很大的影响力，我们必须要和消极的人保持间隔，并且有意地避开那些我们不尊重、不爱慕、不想和他们一样的人。对于我们愿意花时间来往的朋友，我们一定要严谨地进行选择，因为这些人会对我们的思想、人格以及将来的成功产生重大的影响。

为什么想成功就要和成功的人在一起，核心的原因就是参考团体的作用。博恩·崔西就曾经说过：不论你的现实中还是在想象中，你习惯相处的那些人，会对你的目标有着极大的影响力。如果你想"与鹰共飞翔"，你就应该和你所知道的最好的人为伍。

"和你所知道的最好的人为伍"，5年以后你就会成为那样的人。要成功就必须和成功的人在一起，这一亘古不变的定律至今仍然在起作用。

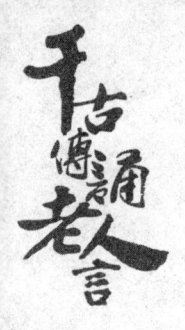

智慧典藏

人与人之间是有磁场的,所谓"共振"是指:随着时间的脚步,我们会在心里塑造出自己和与自己相似的人的形象,会采取和这些人相同的价值观、态度、行为、思想、意识形态及信仰。因此,善于发现并转化他人的长处,善于把握人生的机遇,对他人的成功像对待自己的成功一样充满热情。如此,在静观中获得远见,借人之智,成就自我。

第二章
规矩是死的，人是活的
——立身处世，须知人情世故

生容易，活容易，生活不容易。在这个社会上生存，每个人都面临着残酷的竞争。一个人不管有多聪明，多能干，背景条件有多好，如果不懂得如何做人、做事，那么他最终的结局肯定是失败。很多人之所以一辈子都碌碌无为，是因为他活了一辈子都没有弄明白该怎样去做人做事，所以，懂得人情世故，是一个人能够取得成功的基本要求。

有山必有路,有水必有渡

【人生箴言】

任何事物的发展都不是一条直线的,聪明人能看到直中之曲和曲中之直,并不失时机地把握事物发展的规律,通过迂回应变,达到既定的目标。

在人生的单行道上,不会一直畅通无阻,当我们的人生遇到瓶颈的时候,我们要懂得转弯,只有一股向前的闯劲只会让我们头破血流。

在生活中,我们难免会因为一些竞争而与对手针锋相对。矛盾也许不可避免,但是我们没有必要跟对手斗个你死我活。如果真的躲不过去,也不要跟对手硬拼,要懂得利用智慧和技巧,在方法上取胜。聪明的人懂得在危险中保护自己,而愚蠢的人喜欢依靠蛮力,即便耗掉自己全部的精力也要与对手拼个高下,弄得自己没有回旋的余地。

顺治元年(公元1644年),清王朝迁都北京以后,摄政王多尔衮便着手进行武力统一全国的战略部署。当时的军事形势是:农民军李自成部和张献忠部共有兵力四十余万;刚建立起来的南明弘光政权,汇集江淮以南各镇兵力,也不下五十万人,并雄踞长江天险;而清军不过20万人。

如果在辽阔的中原腹地同诸多对手作战,清军兵力明显不足。况且迁都之初,人心不稳,弄不好会造成顾此失彼的局面。

多尔衮审时度势,机智灵活地采取了以迂为直的策略,先用怀柔政策拉拢南明政权,集中力量打击农民军。南明当局果然放松了对清的警惕,不但不再抵抗清兵,反而派使臣携带大量金银财物,到北京与清廷谈判,向清求和。这样一来,多尔衮在政治上、军事上都取得了主动地位。

顺治元年七月,多尔衮对农民军的打击取得了很大进展,后方亦趋稳固。此时,多尔衮认为最后消灭明朝的时机已经到来,于是,发起了对南明的进攻。当清军在南方的高压政策和暴行受阻时,多尔衮又施以迂为直之术,派明朝降将、汉人大学士洪承畴招抚江南。

顺治五年,多尔衮以他的谋略和气魄,基本上完成了清朝在全国的统治。

绕圈的策略,十分讲究迂回的手段。特别是在与强劲的对手交锋时,迂回的手段高明、精到与否,往往是能否在较短的时间内由被动转为主动的关键。就像多尔衮一样,用迂回的手段,不跟对手硬拼,最后各个击破,完成了统一。

在获得成功的道路上,有无数的坎坷与障碍,需要我们去跨越、去征服。人们通常走的路有两条:一条路是找出对手的弱点,并给予致命的一击,用最直接的方法,快速解决问题。另一条路是懂得放弃,不跟对方硬拼,全面增强自身实力,在人格上、知识上、智慧上、实力上使自己加倍地成长,变得更加成熟、更加强大,在策略上战胜对方。

美国著名企业家李·艾柯卡在担任克莱斯勒汽车公司总裁时,为了争取到10亿美元的国家贷款以解公司之困,他在正面进攻的同时,采用了迂回包抄的方法。

一方面,他向政府提出了一个现实的问题,即如果克莱斯勒公司

破产,将有60万左右的人失业,第一年政府就要为这些人支出27亿美元的失业保险金和社会福利开销,政府到底是愿意支出这27亿呢,还是愿意借出10亿极有可能收回的贷款?另一方面,对那些可能投反对票的国会议员们,艾柯卡吩咐手下为每个议员开列一份清单,清单上列出该议员所在选区所有同克莱斯勒有经济往来的代销商、供应商的名字,并附有一份万一克莱斯勒公司倒闭,将在其选区造成的经济后果的分析报告,以此暗示议员们,若他们投反对票,因克莱斯勒公司倒闭而失业的选民将怨恨他们,由此也将危及他们的议员地位。

这一招果然很灵,一些原先强烈反对给克莱斯勒公司提供贷款的议员闭了嘴。最后,国会通过了由政府支持克莱斯勒公司15亿美元的提案,比克莱斯勒公司原来要求的多了5亿美元。

有一则脑筋急转弯这么说:"一个人要进屋子,但那扇门怎么拉也拉不开,为什么?"回答是:因为那扇门是要推开的。

在一些暂时没有办法解决的事情面前,我们应该学着变通,不能死钻牛角尖,此路不通就换另一条路。有更好的机会就赶快抓住,不能一条路走到黑,生活不是一成不变的,有时候我们转过身,就会发现,原来我们身后也藏着机遇,只是当时我们赶路太急,忽略了那些美好的事物。

人生从来都不是一帆风顺的,我们总是会遇到各种各样的问题,如事业遇到瓶颈,如爱情遇到危机,如人生陷入低谷……此时一个念头的转变将会影响你的一生。这也是有些人在遭遇背叛以后选择了两败俱伤,有些人则选择了重新开始的原因。不是后者比前者更具备什么精神,而是他们更懂得人生在有些时候是需要学会拐弯的,固执己见有的时候也会害了自己。

一个机智的人可以灵活运用一切他所知的事物,能在恰当的时间内把应做的事情处理好,这不只是机智,也可称之为艺术。聪明人与傻子的区别在于,聪明人懂得变通,懂得何时该坚持,何时该放弃,何时应改变。

多下及时雨,少放马后炮

【人生箴言】

老话说得好:"多下及时雨,少放马后炮。"一吨废话,不如一毛钱的帮助,所以要成为别人欣赏的人,千万不要做事后诸葛。

《水浒》中有一条好汉,才不惊人,貌不出众,论文不足以科场称雄,论武不足以战场杀敌,却大大有名,受到天下英雄的拥戴,本名宋江,绰号"及时雨"。此人胸无大志,最大的心愿是做皇帝的良民,一门心思走投降路线,但他却有一个好处:对朋友真心实意,想朋友之所想,急朋友之所急,凡有需要,他无不竭尽所能,提供及时帮助,哪怕担风冒险,也在所不惜。况且他的投降,也不是为了一己之私,而是为"弟兄们"谋一条好出路,尽管那本是一条死路,他的心意却不能说不真。因此,他成了众望所归的人物。

在我们的日常生活中,有很多"古道热肠"的人,他们最大的爱好是给别人贡献意见。当别人做错了事情,遇到了困难,遭受了挫折,不待邀请,便主动站出来,担任"评论员"和"批评家",对你的人生指

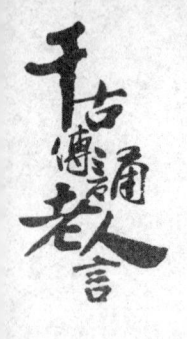

点江山:"你应该这样……""你不该那样……""假设你当初……就不会这样",但是,好话一箩筐,不如在别人遇到困难时,提供一点点实质性的帮助。

所以,宋江招安的决策虽然不为人们所称道,但是,他的"及时雨精神"却值得每个人学习。我们身边的"评论员"和"批评家"已是供过于求,"总结报告"早就听得让人生厌,那无非是放"马后炮",有什么好处呢?一个人遇到困难时,最需要的是一点实质性的帮助,使事情有所好转,使过失和挫败不至于发生。

帮助不一定限于物质层面,有时候,精神的支援价值无限。当身边人处于失意中时,一句暖心的话,就会像甘露一样,激活对方枯萎的心。

唐朝大诗人白居易的从弟白敏中,年轻时才德出众,被各方看好。长庆年间(821~824),宰相王起为主考官,决定取白敏中为状元,又不满意他同贺拔惎交往。贺拔惎为人狂放不羁,不拘小节,人际关系很差,除了白敏中,没几个人跟他要好,王起也很不喜欢他。于是,王起派亲信将此意转告白敏中,希望他跟贺拔惎绝交。白敏中欣然答应:"谨遵教诲!"过不多久,贺拔惎来白家登门拜访,白敏中躲在内室,让仆人告诉贺拔惎,自己出门在外,尚未回家。贺拔惎等了很长时间,无言而去。白敏中憋不住了,跑出去,将贺拔惎喊回来,如实相告,并说:"凭着才学,哪个门路走不通,怎能为了一个进士,对不起朋友?"于是,两人相对饮酒,喝得大醉,睡到第二天日上三竿尚未起床。

王起得知此事后,叹道:"我本来只想录取白敏中,现在看来,还得同时录取贺拔惎。"结果,白敏中状元及第,贺拔惎也考上了进士。后来,白敏中升任中书令,宰相李德裕很器重他,认为他是国家的栋梁之材。按照惯例,升职后应该宴请同僚,一方面联络感情,一方面扩大影响。但白敏中没有钱,请不起客,李德裕知道后,慷慨捐助十万钱,作为置办酒席的费用。白敏中邀请的客人,主要是中书省的官员，还有一些知名人士。宴客之日，适逢贺拔惎来访。贺拔惎新近被免去员外职务，还没有谋到新职，心情抑郁不乐，打算到外面去散散心，因此来跟白敏中道别，见白敏中家上下忙碌、准备宴客，不愿打扰，便留下一封信，牵马而去。

白敏中看信后，叹道："大丈夫的穷通顺逆，都是命运的安排。没有本事的人靠侥幸升官，不是正途。怎么能用牲畜吃的草料招待英雄豪杰呢！从前考取进士的时候，我俩是好朋友，今日闭门不见，纵然身居高位，难道不有愧于心吗？"说完，立刻命仆人去将贺拔惎追回来，请到家中，相对饮酒。过不多时，客人们或骑马，或乘车，相继而来，听说白敏中正在招待贺拔惎，很是惊奇，一个个摇着头，不曾进门便离去了。第二天，白敏中向李德裕道歉说：因同年贺拔惎失职，正处于困难时期，不忍抛弃，便留下来饮酒，没有招待其他客人，辜负了丞相的美意。

李德裕叹道："此事大有古风，我决定提拔你们，以改造浮薄的社会风气。"没过十天，贺拔惎便得了美差，白敏中也改任翰林学士。此后，贺拔惎的人缘仍然不好，白敏中则官运亨通，五年间，十三次升迁，最后官居宰相，因政绩卓著，成为一代名相。

从交友的利弊看，贺拔惎人缘很差，受各方孤立，一定有明显的人格缺陷，与之相交，害多益少。假设白敏中指点贺拔惎的缺陷，提供改进建议，大概不会有什么效用，"江山易改，本性难移"，贺拔惎要是能改，早就改了。白敏中一旦认定了这个朋友，便全然接受，善尽道义责任，不惜冒着科考失利的风险，继续与之交往，其深情厚谊，对失意中的贺拔惎，是最有力的心理支持；同时也影响了舆论，使贺拔惎得到了现实好处。

交友不必如白敏中，谁若有一个白敏中这样的朋友，可谓三生幸运。然而，希望别人做白敏中，不如自己做白敏中——于交往中，"多下及时雨，少放马后炮"。

【智慧典藏】

指出别人这件事当初该如何做,对于事情的解决并没有实质性的帮助,这样毫无意义的事情只会让人徒增烦恼。你的热心不但不会让别人对你感激,反而会让人对你生厌。所以,提供事前的帮助,胜过时过境迁后再说闲话。

打空拳费力,说空话劳神

【人生箴言】

付出多少,得到多少;付出越多,离成功越近,这是一个众所周知的因果法则。说一百句空话不如做一件实事,成功永远是做出来的,而不是说出来的。

"坐着说,不如起来行。"这句话是敬爱的周总理在年轻的时候就写下的一句座右铭。周总理一生勤政爱民,对内,为百姓谋福利;对外,为国家争地位。虽然几十年过去了,但世人依旧能真切地感受到总理的为人。就是因为总理为人民、为国家做了许多实事,是实实在在存在的。

无论是生活还是工作中,我们常常能见到一个个"语言的巨人,行动的矮子",语言光艳夺目,而真正要付诸行动时却黯然失色。一个整天浮想联翩或者夸夸其谈的人永远不会成为受人瞩目的人。说得多而做得少,一旦机会来临,就只有空叹,甚至失败。

诸葛亮首出祁山时，决定派出一支人马去占领军事重地街亭（今甘肃庄浪东南），作为屯兵的据点。但派何人前往，诸葛亮却迟迟未定。当时蜀军中尚有几个身经百战的老将，参军马谡却主动请缨。诸葛亮想起刘备临终所嘱，"我观马谡，言过其实，不可大用"，因而迟疑。马谡自知一直为诸葛亮出谋划策，但实际的战功却寥寥，不免难服众心，就以自己从小熟读兵书、胸有成竹的决心，再次向诸葛亮拜泣。遂成为先锋，王平为副将。

马谡和王平率领大军到了街亭，张郃的魏军也正从东面赶来。马谡看了地形，对王平说："这一带地形险要，街亭旁边有座山，正好在山上扎营，布置埋伏。"

王平提醒他说："丞相临走时嘱咐过，要坚守城池，当道扎营。屯兵山上太冒险了。"马谡没有打仗的经验，自以为熟读兵书，夸下海口誓败魏军。

王平追问道："魏兵骤至，四面围定，将何策保之？"

马谡大笑："兵法云：凭高视下，势如破竹。"

王平仍然极力劝阻："若魏军断我汲水之道，军士不战自乱矣。"

马谡却说："孙子曰：置之死地而后生。"

他根本不听王平的劝告，坚持要在山上扎营。王平知道再劝无用，只好央求马谡拨给他一千人马，让他在山下临近的地方驻扎。张郃率领魏军赶到街亭，看到马谡放弃现成的城池不守，却把人马驻扎在山上，暗暗高兴。马上吩咐手下将士，在山下筑好营垒，把马谡扎营的那座山围困起来。

马谡几次命令兵士冲下山去，但由于张郃坚守不出，蜀军无法攻破，反而被魏军乱箭射死了不少人。没过多久，蜀军在山上断了水源，连饭都做不成。时间一长，军中开始骚乱。

张郃看准时机，发起总攻。蜀军兵士纷纷逃散，马谡也无法阻止。最后，只好自己杀出重围，往西面逃跑。

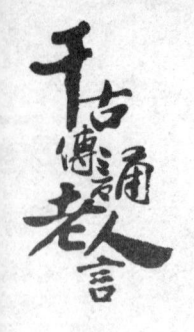

王平带领一千人马,稳守营盘。他得知马谡失败,就叫兵士拼命打鼓,佯装进攻。张郃怀疑蜀军有埋伏,不敢再逼近他们。这样才保住了一千人马。

可笑马谡,只知"兵法云""孙子曰",却没有想到因地制宜。更多地,他不能正确认识到自己平日只是"纸上谈兵",没有实战经验的自身情况,只因立功心切,而失了要地、丢了性命。

众人皆知,束缚于理想之中而不去行动的人,只能是一个碌碌无为的平庸之辈。理想虽然是美好的,但却是虚拟的。要想使其成为现实,就必须经历艰苦的奋斗。只有我们的行动,才能体现出自身的价值。而那些幻想之人的价值就是他们的美梦和理想,他们把自己的宏伟蓝图描绘得再完美,也只不过是水中月、镜中花罢了。

战国时赵国名将赵奢之子赵括,自幼酷爱兵法,谈起用兵的道理来头头是道,自以为天下无敌,连他父亲也不放在眼里。

在长平之战中,赵王听信了左右的议论,把赵括找来,问他能否打退秦军。

赵括说:"要是秦国派白起来,我还得考虑对付一下。如今来的是王龁,他不过是廉颇的对手。要是换上我,打败他不在话下。"

赵王听了很高兴,便拜赵括为大将,去接替廉颇。

蔺相如对赵王说:"赵括只懂得读父亲的兵书,不会临阵应变,不能派他做大将。"可是赵王对蔺相如的劝告听不进去。

而赵括的母亲也向赵王上了一道奏章,请求赵王别派他儿子去。赵王把她召来,询问何故。赵母说:"他父亲临终的时候再三嘱咐我说,'赵括把用兵打仗看作儿戏,谈起兵法来就眼空四海,目中无人。将来大王如果用他为大将的话,只怕赵军都会断送在他手里'。所以我请求大王千万别让他当大将。"

赵王只能以"君无戏言"而推搪。

而赵括的母亲却问："如果您一定要派他领兵，如果他兵败了，我们家能不受株连吗？"

赵王很痛快地就答应了。

赵括统率着四十万大军，声势十分浩大。他把廉颇规定的一套制度全部废除，下了命令说："秦国再来挑战，必须迎头打回。敌人若败，我军必追，非杀得他们片甲不留。"

秦将范雎得到赵括替换廉颇的消息，知道自己的反间计成功，就秘密派白起为上将军，去指挥秦军。白起一到长平，布置好埋伏，故意打了几场败仗。赵括不知是计，拼命追赶。白起把赵军引到预先埋伏好的地区，派出精兵二万五千人，切断赵军的后路；另派五千骑兵，直冲赵军大营，把四十万赵军切成两段。

赵括这才知道秦军的厉害，只好筑起营垒坚守，等待救兵。但内无粮草，外无救兵，守了几十天的兵士们都叫苦连天，无心作战。赵括带兵想冲出重围，却不想被秦军乱箭射死。赵军上下听到主将被杀，也纷纷缴械投降。四十万赵军，就在纸上谈兵的主帅赵括手里全部覆灭了。

赵括自以为熟读兵书，定能攻无不克，战无不胜。而结果却让赵国差点遭遇灭国的危险。孔子教育弟子说："君子欲讷于言而敏于行。"意思是说，君子说话要谨慎，而行动要敏捷；少说空话，多干实事。实际行动永远比空话重要，因为成绩是干出来的，而不是说出来的。的确，人不仅要树立目标，还要朝着目标去努力、去奋斗。只在理想的蓝图中期待着心想事成、如愿以偿，成功不仅遥遥无期，甚至连已拥有的东西都将失去。

由此，我们可以看出行动力对一个人、一个集体的重要。所谓行动力，是指完成预定目标的操作能力，是把理想、规划转化为现实成果的

关键。然而往往，我们缺乏的是立即行动的魄力。从说到做，是质的跨越。就像从0到1的距离，常常大于从1到100的距离。许多人之所以不成功，往往是由于他们在门外徘徊太久。

对于努力工作的人，工作会给予他意想不到的奖赏。总是做的比应该做的更多，你就会出类拔萃，这是成功者与穷其一生只能服从别人的人们之间的全部差距。确立自己的目标，并把信念立即付诸行动，不犹豫，不拖延。少说空话，多做实事，这样才会越来越接近理想的彼岸。

【智慧典藏】

行动不是挂在嘴边，而是要持续不断地坚持，一步一步地执行。科学家卡莱尔说过："要迎着晨光实干，不要面对晚霞幻想。"这句话形象而准确地告诉我们一个道理：人不能只沉迷于美好和远大的理想之中，还应该付出比别人更多的努力。只有沉下心来，脚踏实地做事，才能成就大业、铸造辉煌。

和气生财，忤逆生灾

【人生箴言】

和气生财，多条朋友多条路，如能化解相互之间的恩怨，将仇人转化为自己的朋友，那就为自己多开通了一条路，这岂不是两全其美的事情吗？

人与人之间的交往免不了磕磕碰碰，而且往往都是丁点的小事。如果不知忍让，不去克制，轻易地就火暴地发脾气，那么这个社会就没有什么和谐可言了。

能过去的就让它过去好了，尤其是那些恩恩怨怨。冤冤相报何时了，没有人天生就喜欢仇恨别人，也没有人愿意为自己树立很多敌人，正所谓相逢一笑泯恩仇，大家都互相宽容一点，再难的问题也能解决，再多的不愉快也都会烟消云散。

上海有一家大饭店，饭店的生意非常的好。一天上午，一个美国人突然闯进经理室，他气势汹汹地对经理说："你就是经理吗？我刚才在大门口滑倒摔伤了腰。你们的地板太滑了，连个防滑措施都没有，太危险了。马上带我去医务室。"

经理非常客气地说："这实在抱歉得很，腰还疼吗？我们马上带您去医务室，请您稍坐一下。"

美国人坐在椅子上，继续抱怨不停。饭店经理这时拿出了一双舒适的拖鞋，温和地对美国人说："请您换上这双鞋，它能让您稍微舒服一点，医务室已经联系好了，现在我就带您去。"

其实在美国人闯进来时，经理已经看清他的腰部没有多大问题。所以当美国人先走出经理室后，经理就把美国人的鞋交给一个服务员说："这双鞋后跟已经磨薄了，在我们回来之前把它送到楼下修鞋处换上橡胶后跟。"

检查很快就结束了，结果未发现任何异常，那人也完全冷静下来，随后一同回到经理室。经理微笑着说："没什么大问题，比什么都好，这就放心了，请喝杯茶吧！"

美国人也感到自己方才太冒失了，所以就客气地说："地板太滑，太危险，我只是想让你们注意一下，没有别的意思。"

这时经理拿出已经修好的鞋，对美国人说："很冒昧，我们擅自修理了您的鞋，那个鞋匠说，后跟磨薄了确实容易打滑。"

美国人穿上修好的鞋，感觉合适多了，他对经理的技巧大为惊讶，非常高兴地说道："经理，谢谢您的好意，您的关怀照顾我是不会

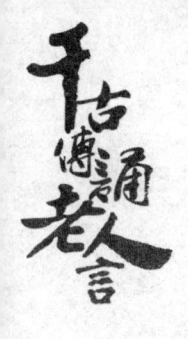

忘记的。"

两个人愉快地握手以后,美国人走出经理室。经理送他出门时说:"请您将这个滑倒的事忘掉吧,欢迎您再来。"

美国人消失在人群中。从那以后,只要这个美国人到上海,必定住进这个饭店,而且还会找到经理聊上几句。

一场突发的事件就这样解决了,也许是因为经理的机智,也许是因为美国人的随和,其实是因为两个人都能宽容谅解对方。一个小的矛盾没有升级,而且结局是皆大欢喜的,这是最让人欣慰的地方。

每个人都懂得得道多助,失道寡助的道理,尤其是作为领导和上级。在日常的管理过程中,和员工之间的摩擦是不可避免的,要解决这样的问题,还需要双方的共同努力,互敬互让才能维护良好的工作关系,对于相互之间的不愉快还是一笑了之的好。

20世纪80年代的松下电器公司,在日本同行中位居第一位,在全世界位居第三位。总裁松下幸之助被日本同行尊称为"经营之神"。

松下幸之助有个特点,那就是批评人的时候可是毫不留情,有时甚至是破口大骂。被他骂过的人并不在少数。可是被骂的这些人中却没有人因此而辞职,反而更加积极地围绕在松下幸之助的周围,这是不是很让人费解?

有一个下属工厂的厂长做错了事情,给公司造成了巨大的损失。松下幸之助在自己的办公室里发怒了,他暴跳如雷,破口大骂,并边骂边用手里的火钳猛敲火炉,以致最后把火钳都敲弯了。而那个犯错的厂长就站在一边,一句辩解的话都没有。

松下幸之助的情绪很高亢,骂起人来嗓门也很大。厂长因为高度紧张,后来支持不住晕厥了过去。松下幸之助收敛起自己的情绪。叫人用酒将这位厂长灌醒,然后温和地对他说:"这火钳是因为你而敲弯的,你可以回去了,但是你要负责把火钳弄直。"这时候那位厂长才松了一口气。松下幸之助叫秘书送厂长回家了。

几天以后,松下幸之助就给这个厂长打电话:"过去的事情就让它过去吧,以后好好干就行,另外我那根火钳你给弄直了没?"

厂长一边笑一边说:"照您的吩咐,已经弄直了。"松下幸之助又对这位厂长进行安慰。厂长认识到自己的错误,因此拼命地工作。一段时间之后,他终于成为一个优秀的管理者。

松下幸之助虽然骂人的时候毫不留情面,但是他非常懂得如何收场,如何给对方一个台阶。骂人不是目的,而是为了解决问题,给别人造成伤害就没有必要了。而那个厂长也没有因此嫉恨松下幸之助,他明白自己犯的错误,更明白老板给他台阶下。所以,当他和老板再次通话时,弄直的火钳让他们摒弃了前嫌,将所有的不愉快一笑了之,这是多么明智的举动。

普通人也好,老板也罢,没有人愿意给自己多树敌人。交往中难免要产生小的摩擦和矛盾,解决矛盾是最终的目的,相互之间的恩怨最好能够及时化解。双方都停顿一下,仔细想想,然后会心地一笑,自己的愤怒在不知不觉中就会消失了。

和气生财,忤逆生灾。相逢一笑泯恩仇,和你的"仇人"握手言和吧,在为敌为友之间,留下了条灰色地带,弯了一下腰,却给自己多了一条路。既释解了敌意,也为自己以后的去路与退路开了一个绿灯。

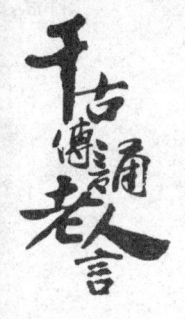

刻薄不赚钱，忠厚不折本

【人生箴言】

心灵无私，懂得分享，这是成功者应该拥有的广阔胸襟。其实，生活的真谛并不神秘，幸福的源泉大家也知道，只是常常忘记罢了，丢掉刻薄，做一个忠厚的人，你会发现你前面的路变得更宽。

人间最宝贵的财富莫过于快乐。"若为乐故施，后必得安乐。"这与儒家提倡的"独乐乐"实在比不上"众乐乐"有异曲同工之妙。如果没有分享，谁来聆听你心中的清音？岁月匆匆，谁来领略你眼中的精彩？其实分享并不意味着失去，独占也不意味着拥有，懂得分享的生活，可以让我们收获一些惊喜。一个懂得分享的人，生命丰沛而且充满活力。只有懂得与别人交流和分享，我们才能够在智慧和情感的分享中不断地提升与发展。

然而，世人大多只要自己快乐，自己所得所有，哪管他人的死活？殊不知，别人都在受苦受难，自己一个人怎能独享？如世间万物皆有事理两面，事相上或有差别，但在道理上则无差别，好比一灯照暗室，举室通明，何能只照一物，他物不能沾光？

有一个农夫，礼请无相禅师到家里来为亡妻诵经超度，佛事完毕以后，农夫问道："禅师！你认为我的妻子能从这次佛事中得到多少功德呢？"

无相禅师照实说："佛法如慈航普度，如日光遍照，不只是你的太太可以得到功德，一切有情众生无不得益。"

农夫不满意地说："可是我的太太是非常娇弱的，其他众生也许会占她便宜，把她的功德夺去。能否请您只单独为她诵经超度就好，不要让其他的众生得到便宜。"

无相禅师慨叹农夫的自私，但仍和颜悦色地开导："'回向'有回事向理、回因向果、回小向大的内容，就如一光不是照耀一人，一光可以照耀大众，天上太阳只有一个，万物却皆蒙照耀；种子只有一粒，却可以生长万千果实，用你的仁慈之心点燃一根蜡烛，却能引燃千千万万支蜡烛，使光亮增加百千万倍，但是本身这支蜡烛，并不因点燃了其他蜡烛而减少亮光。如果人人都能抱有如此的观念，则我们微小的自身，常会因千千万万人的回向而蒙受很多的功德，何乐而不为呢？"

农夫仍顽固地说："这个教义很好，但还是要禅师破个例，我有一位邻居，他一向都是欺我、害我，能否将他撇开在一切有情众生之外？"

无相禅师以严厉的口吻说："既曰一切，何有除外？"

农夫茫然，若有所失。

自私、狭隘的心理，在这个农夫身上表露无遗。每个人都希望自己好，但如果你容不得别人好或别人比你好，那就是自私加狭隘。独占好处是一种狭隘的心态，它会扭曲你的心理，造成心理贫穷，并最终毁灭自己。因此，我们在与人合作时应当学会分享。

心胸狭隘者，冷漠自私者，利欲熏心者都不会懂得什么是分享，因为分享与狭隘、冷漠、贪婪无关。真正的分享是一种对情谊的珍重和心灵的豁达。苹果和梨子之间的交换，是一种互通有无的分享；痛苦与欢乐之间的交流，是一种惺惺相惜的分享。有了分享，才有了爱心的传递和永恒；有了分享，才有了力量的绵延和蓬勃。把你的痛苦与人分享，你的痛苦将会减少一半；把你的快乐与人分享，你的快乐将增加一倍。这就是分享的魅力所在，这就是分享的高贵之处！

李嘉诚作为商界的一个传奇,他的成功故事往往被人们津津乐道。美国成功学家安东尼·罗宾在谈到"华人首富"李嘉诚时说:"他有很多哲理性的语言,我都非常喜欢。"

有一次,有人问李泽楷,他父亲教了他什么成功赚钱的秘诀。李泽楷说父亲没有教他赚钱的方法,只教了他做人处世的道理。李嘉诚这样跟李泽楷说,假如他和别人合作,他拿7分合理,8分也可以,那他拿6分就可以了。

也就是说,他让别人多赚2分。所以每个人都知道,和李嘉诚合作会赚到更多,因此更多的人愿意和他合作。你想想看,虽然他只拿6分,但现在多了一百个人,他现在多拿多少分?假如拿8分的话,100个会变成5个,结果是亏是赚可想而知。

在中国台湾有一个建筑公司的老板,他从一万元起步,做到100亿台币的资产。他是怎么创业成功的?他在别家做总经理的时候,对老板说,假如想要成功的话,应该考虑多付一分利而不是多争一分利。他给老板看一则报道,这则报道就是报道李嘉诚,然后在上面写着:"7分合理,8分也可以,那我只拿6分。"他就是用这套李嘉诚哲学,成为一个拥资100亿台币的董事长。

让一分利反而十分有利,这一道理看似简单,但许多人一旦利益当前,就无法克服争利之心,从而丧失了长远利益。在合作中,想占几分小便宜,这是一种正常心理。但是用这种心态指导自己的行为,却可能失大"便宜"。这正是大人物与小人物的本质差别所在,也是人生成败的秘诀所在。

要想拥有美丽的花的海洋,就必须与人分享美丽,同大家共同培植美丽。没有人分享的生活,注定是一种惩罚,因为没有人会喜欢寂寞的生活,即使功成名就,正如有首歌所唱的:"有谁孤单却不企盼一个梦想的伴,相依相偎相知,爱得又美又暖,没人分享,再多的成就都不圆满，没人安慰，苦过了还是酸……"

其实，人生真正的快乐是奉献不是索取，只有懂得奉献才能真正拥有，才能找到快乐的真谛。

人际关系中，无法做到绝对公平，总是要有人承受不公平，要吃亏。倘若人们强求世上任何事物都公平合理，那么，所有生物连一天都无法生存——鸟儿就不能吃虫子，虫子就不能吃树叶，世界就得照顾万物各自的利益。因此，当自己的利益和别人的利益发生冲突，友谊和利益不可兼得时，首先要考虑舍利取义，宁愿自己吃一点亏。

宁叫钱吃亏，不叫人吃亏

【人生箴言】

身体、生命永远比名利权势重要。但"怕死"的人也不会幸福。幸福在于：做一件值得你为之奋斗终生、死而不悔的事。

这个世界上，很多人为了一些东西而舍去另外一些东西。我们常常在盘算着，在我们的生命里，什么东西应该丢弃，什么东西应该抓住。为了那些不能放弃的，我们放弃了哪些生命中最重要的事呢？就像有些女人为了朝朝暮暮而放弃了自己生命里可能挖掘的深度；有些男人为了一时的小小计较和面子之争而放弃可能拥有的事业。

如果说，现实生活中的人们都会算投资回报率的话，也没有人能算

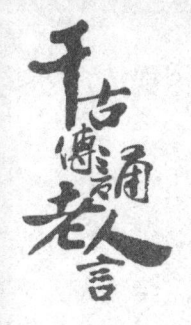

得出,在得到一些看得到的东西时,有多少和生命相关的美丽像沙子一样从指掌间流去。而我们掌中所握的生命的沙子可是有限的,一旦失去,就再也捞不回来了。有些得到的东西如同鸡肋,丢了可惜,但放了一辈子,也可能毫无用处,得不偿失。

有时候生活会逼迫你不得不交出权力,不得不放走机遇,甚至不得不抛下所有的一切。你不可能什么都得到,生活中应该学会放弃。放弃会使你显得豁达豪爽,放弃会使你冷静主动,放弃会让你变得更有智慧和更有力量。比如说钱财,是很多人趋之若鹜的东西,现在很多人都为了钱财抛弃很多。为了钱,太多人舍掉了自己的精力,自己的时间,甚至是自己的健康,这都是无可厚非的。但是很多时候,钱财却是身外之物,看看汉献帝舍财保命的故事,我们就会明白这个道理。

东汉末年,朝纲不振,诸侯割据,群臣叛乱,到汉献帝的时候,汉王室实际上已经名存实亡。终于,有一天,汉献帝被叛军软禁在长安城里,连自由都失去了。但是在一群大臣的帮助策划之下,他找了一个机会逃了出来。可是叛军不久就发现他跑了,于是马上派兵去追他,扬言抓不到他誓不罢休。可见,当时汉献帝的性命已经岌岌可危。

汉献帝带着众家眷,行动的速度远不如叛军的兵马。眼看叛军就要追上来了,汉献帝急得不行,不知道如何是好。如果被抓回去,后果不堪设想,可能性命不保。这时,他身边的老臣董承建议汉献帝及其随从将随身携带的金银珠宝都撒在路上。汉献帝为保命只得依照董承的建议行事,让车上所有的人都将自己的财物扔到地上,最后连皇后的珠宝首饰都扔掉了。他们这个时候只能将死马当活马医了,过了不久,追赶汉献帝的士兵赶到了,看到一路上到处都是金银财宝,有的还是世间罕见、价值连城,就纷纷跳下马来疯抢。他们早将追赶汉献帝的事抛到了脑后,随行军官们大声地斥责他们都没有起作用。可能很多人在想,有了这些财宝,还做什么士兵呢?有了这么多钱,这辈子就衣食无忧了。就这样,汉献帝保住了性命,安全地逃到了洛阳。汉献帝虽然舍掉了金银财宝,但是保住了性命,保住了他的江山,这无疑是值得的。

有一句话叫"重赏之下,必有勇夫",有的人确实愿意为了赚钱而去搏命。还有一句话叫"有钱能使鬼推磨",有的人确实愿意为了赚钱而出卖人格、出卖灵魂。但是,拥有生命,不是为了拿去卖个好价钱;拥有美好的人格、清白的灵魂,不是为了拿去让钱玷污。赚钱,是为了更好地滋养生命、培养美德,不要脸面、不要命地赚钱,那就本末倒置了!

毫无疑问,钱财是个好东西,有了钱可以坐享世间繁华。但是这世上有很多东西比钱财重要,比如说亲情,比如说生命。一个人如果连生命都没有了,再多的钱对于他来说又有什么用?汉献帝在关键时刻,虽然失掉了大量的钱财,但是他却保住了性命。所以,汉献帝无疑是聪明的,他在关键时刻懂得取舍,但是世界上不是谁都有这样的智慧,比如说那只不肯放弃"半缸米"的老鼠。

一个青黄不接的冬天,一只无处觅食的老鼠,走到一个农家的仓库。结果,意外地掉进一个盛得半满的米缸里。老鼠喜出望外,它先是警惕地环顾了一下四周,确定没有危险之后,接下来便是一通猛吃,吃完倒头便睡。这只老鼠就这样在米缸里吃了睡、睡了吃。日子在衣食无忧的休闲中过去了,可谓是逍遥自在。

很多时候,老鼠也曾想要跳出米缸,也为此进行过思想斗争与痛苦抉择。但是,终究未能摆脱白花花的大米带来的诱惑。直到有一天,它发现米缸见了底,再也没有什么吃的了。这才后悔万分——以米缸现在的高度,自己就是想爬出去,也无能为力了。结果只有一个:它饿死在了米缸里。

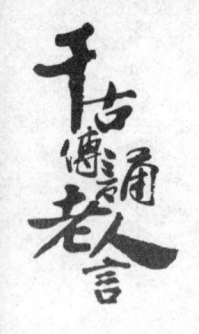

当我们的眼睛里只有"大米"的时候，我们或许也会像这只老鼠一样，忘记了可能会为此付出的代价。人生中诱惑无处不在，如果不懂得取舍，我们将会在名与利的诱惑之中沉沦，直至毁灭。

还有历史上的端木叔，他也是一个懂得取舍的人，一个懂得享受人生的人，一个不为金钱所累的人。在他有钱有健康的时候，他尽情地享受，并且帮助那些需要帮助的人；等他死后，别人记着他的恩德，又反过来帮助他的子孙。有的时候，人把钱看得过于重要，就会失去做人最基本的快乐。端木叔一生广交朋友，赢得了很好的人缘，而他自己也快快乐乐地活了一辈子，可以说并没有什么遗憾。

所以有人评价说："端木叔是一个眼光长远的人，他的德行超过了自己的先人。他的所作所为，虽然别人不能理解，但却很合乎情理。"

面对名利的诱惑，我们都会盘算，什么该放弃。盘算之际，有挣扎更有犹豫。无数事例告诉我们，凡事不可斤斤计较，更不能总是抱着不吃亏的态度。虽然暂时失去一些钱财，但是你却拥有了丰富而快乐的人生，仔细想想，这值得不值得呢？

"宁叫钱吃亏，不叫人吃亏"，本是简单不过的道理，但很多人却常在人先钱后或钱先人后的问题上犯糊涂，为了追求钱财，为了追求权势、名声，常常奋不顾身，轻则损害身体，重则丧失生命。为何如此？很大程度上是贪图安逸的心理作怪。人们的观念上有一个误区，以为只要掌握足够多的财富、足够大的权势、足够响亮的名声，即可一劳永逸，获得自由，以后想干什么就可以干什么，什么都不用担心，无不自在。

但是，真正的自由源于心灵，将自由寄托于外物，终将愿望成空。因为万物皆流，没有什么可以固定下来，富翁可以变成赤贫、权贵可以变为囚徒、名家可以身败名裂，即使富贵一生，也不得不做许多违心的事，哪有自由可言？

人生中最值得珍惜的是生命和心灵，没有什么值得拿命去赚，但是，为了某种精神，却值得冒生命危险。有人以"战死疆场，马革裹尸"为志，有人以"鞠躬尽瘁，死而后已"为则，他们都是领悟了生命意义的自由人。至于为名利权势而自蹈险地，未免太愚蠢了！

智慧典藏

人人都想要"安全感"，都想要"财务自由"，更想要幸福。但安全感并不在名利权势中，"财务自由"和幸福也跟名利权势没有必然联系，只有以自然之心面对世界、面对人生、面对得失，才有安全、自由、幸福可言。

心急吃不了热豆腐

【人生箴言】

人生中很多美好的事物，都需要我们静心去体会，才能够体味到其间的乐趣，乃至真谛。

孔子说："无欲速，无见小利。欲速则不达，见小利则大事不成。"越是急于求成，心态就越浮躁，在执行过程中就越容易出错。对于性躁心粗的人来说，一定要牢记——超速行驶的车辆容易发生事故，人生过于浮躁也同样一事无成。

现代社会，竞争越来越激烈，人们压力也一天天增大。所以，人们在匆匆忙忙的都市生活中，适应了快餐人生。在这样的"快餐人生"中，大家都急匆匆地赶路，急匆匆地做事情。看似有效地利用了人生，

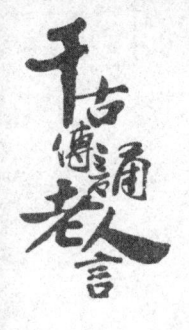

可是却忽略了人生的质量，实际上是在浪费人生。

而在工作、学习之中，我们需要达到很多目标。这"目标"是维系人生的最基本元素，只有做到了这些，才能够顺利地在人生之路上跋涉。

如果不能够平心静气，我们最初的目的也难以达到，而沉着应对才可以把事情做得更好。古时魏国的国君魏文侯在乐羊的帮助下攻打中山国的时候就是这么做的。

春秋战国时期，魏国国君魏文侯打算出兵攻打中山国，却苦于没有合适的带兵将领，于是让臣民举荐。有人推荐了文武双全的乐羊。但是却有人告诉魏文侯，乐羊的儿子乐舒正在中山国任职，让乐羊带兵不妥，于是任命也就暂时搁置了。

后来，魏文侯又听说乐羊曾经拒绝儿子乐舒邀请他去中山国的建议，还规劝乐舒不要辅助荒淫无道的中山国君，于是决定派乐羊为将去攻打中山国。乐羊果然厉害，带领军队连战连捷、所向披靡，很快就打到了中山国的都城，然后，他却把都城包围起来而不去攻打。

一连过去了几个月，乐羊还是按兵不动，魏国上下议论纷纷，大臣们请求魏文侯临阵换将的声音络绎不绝。不过魏文侯始终不为所动，依旧大力支持乐羊，还不断地派人去犒劳乐羊和他的军队。

乐羊依旧只围不打，最后，连乐羊的属下都忍不住了，有个叫西门豹的就询问乐羊为什么还不进攻，乐羊说："心急吃不了热豆腐，虽然我们现在有足够的实力去消灭中山国，如果只是为了一时之急，而不顾长远之计的话，今天的胜利必定会为明天的失败埋下伏笔。而今我只围不打，还宽限了中山国投降的日期，这样做的主要目的是让中山国的百姓看出谁是谁非，是向天下人证明我们是仁义之师，这样才能收服人心，根本与乐舒没有一点关系。"

又过了一段时间，等到中山国的都城里面人心浮动，乐羊才发动进攻，果然不费多大功夫就攻下了中山国的都城。战争结束后，乐羊留下西门豹处理善后事宜，自己领着人马回到了魏国复命。

魏文侯亲自迎接打了胜仗的乐羊，大摆宴席为他庆功，宴席过后，给了乐羊一只箱子，要乐羊回家后再看。乐羊回家打开箱子一看，吓出了一身冷汗。他发现里面全是在对中山国只围不打的时候，大臣们诽谤诬告自己的奏章。

如果魏文侯不理解乐羊的军事策略而听信了那些大臣的话，中途对乐羊采取行动，不但不能取胜，乐羊本人恐怕也将遭遇不测。但是魏文侯沉着冷静，面对群臣指责乐羊的时候，一如既往地支持乐羊，最终取得了成功。

面对中山国这块已经到了嘴边的"热豆腐"，倘若乐羊着急一口吞下去也未尝不可，毕竟对方几乎已是任人宰割的羔羊。只是如果急于把这块热豆腐吞进去的话，很可能会烫伤嘴，会使得眼前的美味也充满苦涩。乐羊在关键的时刻能够沉住气，围而不打，赢得了民心，扰乱了中山国的军心，实则为以逸待劳之举。其实，非淡泊无以明志，非宁静无以致远，持重守静乃是抑制轻率躁动的根本。稳重是低调的人成功不可缺少的必然条件，而浮躁则是高调人走向失败的陷阱。低调的人知道稳健处世，而高调的人只知心浮气躁，急于求成。低调的人最终因稳重而走向成功，而高调的人也因急躁坏了大事。

在生活中，常常会出现这样的事，还没有搞清方向，就糊里糊涂地跟着别人开始跑，比如投资或者就业。跑了一阵子以后回头一看，方向搞错了，距离目标越来越远。这时冷静地一想，跑了半天还不如不跑，至少还在原地不动；而那些跑得快的人，就离目标更远了。

在工作中也会出现类似的事情。有的人在工作中能创造出很高的效率，而有的人忙忙碌碌，最终却一事无成。这两者的区别关键在于，有没有注意到所做工作的方向性。是不是把自己的精力用在了正确的方向

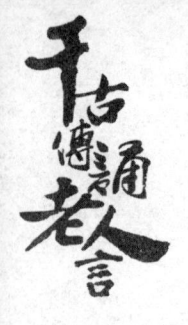

上,还是一直在做无用功。

18世纪的时候,欧洲探险家发现了一块"新大陆"——澳大利亚。

英国派弗林达斯船长带船队,开足马力驶向澳大利亚,为的是抢先占领这块宝地。与此同时,法国的拿破仑也想成为澳大利亚的主人,他派了阿梅兰船长驾驶三桅船前往澳大利亚。于是,英国和法国展开了一场赛跑。

阿梅兰船长驾驶三桅船率先到达了,他们占领了澳大利亚的维多利亚,并将该地命名为"拿破仑领地"。随后几天,他们都没有看到英国的船队到达,因此他们以为大功告成,便放松了警惕。

法国的占领者在休息的时候,发现了当地特有的一种珍奇蝴蝶,这种蝴蝶非常好看,而且十分稀有。为了捕捉这种蝴蝶,他们全体出动,一直纵深追入澳大利亚腹地。

就在法国人追逐蝴蝶的时候,英国人也来到了这里。他们看见了法国人的船只和营地,以为法国人已占领了此地,船员都非常沮丧。但是仔细一看却没发现法国人,于是,船长命令手下人安营扎寨,并迅速给英国首相报去喜讯。

法国人兴高采烈地带着蝴蝶回来了。可是维多利亚已经成为英国人的战利品,这块土地足足有英国领土那么大。看着曾经属于自己的东西牢牢地掌握在英国人的手中,法国人真是无尽地悔恨。

两国船队的方向开始都是澳大利亚。法国人虽然提前到达了目的地,但是他们没有继续沿着原有的方向前进,因为几只蝴蝶就偏离了方向,没有保住自己的劳动成果,结果导致功亏一篑,前功尽弃。

很多失败的教训告诉我们,不论是学习,还是工作,都必须注意方向的问题。这样不仅节省时间,同时也有成效,从而避免忙忙碌碌而又毫无作为。我们可以经常地提醒自己,我们的目标在哪里,我们目前是否正在向它前进。

奔跑的时候,我们总是会忽略身边的风景,我们总以为以奔跑的姿态才能够迎接曙光。可是,殊不知,这样急迫的心态,可能会让我们看不清路边的风景,可能会让我们南辕北辙,更可能会让我们追逐一生,却碌碌无为。

我们的人生之路,就像是一次旅行,前进的速度可以调节,但首先要明确方向,大多数人在匆匆地赶路,不考虑方向的问题,结果去了一些根本不值得去的地方。

做事效率高的人,往往都善于把握方向。无论他们做什么事情,都是确定了正确的方向才开始行动的。如果方向不明确,一味地蛮干,是绝不会获取成功的。心急吃不了热豆腐,方向对了,往往比你急躁地前行更容易看见效果。

种瓜得瓜,种豆得豆

【人生箴言】

生活中,爱不只是一个得到或者给予的问题,其实在爱别人,尊重别人的时候,同时也得到了别人的爱和尊重。

"己所不欲,勿施于人。"自己不喜欢的东西,切莫强加给别人;自己不喜欢去做的事,切忌让别人去做;自己不喜欢的人,想让别人喜欢自己,更是几近荒唐。因此,通常有效的做法是,让自己先学会接

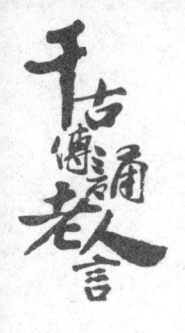

近、接纳和爱别人。然后,别人才有可能爱自己!

让一个人爱自己很难,而让一个自己讨厌的人去爱自己,更是难上加难。我们经常抱怨别人态度太过冷漠,却很少意识到自己就是对方最好的镜子。因此,再次遇到类似的情况,不妨问问自己都对别人做了些什么。想要让别人爱自己,自己先要学会爱别人。你讨厌一个人时,往往也是别人讨厌你的开始。种瓜得瓜,种豆得豆,你给了别人尊重才能换来别人对你的尊重。

一个小沙弥跑出寺门去玩耍,无意间,他对着山谷喊了一声:"喂……"声音刚刚落下,就从四面八方传来:"喂……"

小沙弥感到很好玩,于是,又对着山谷喊了声:"你是谁?"大山也回应道:"你是谁?"小沙弥又喊:"为什么不回答我?"大山也接着回应:"为什么不回答我?"小沙弥有些生气了,喊道:"我恨你!"大山也回应道:"我恨你!"

小沙弥听到后,很伤心地回到了寺院当中。晚上,小沙弥把自己跟大山对话的事告诉了师父。师父笑了笑回答说:"孩子,你下次再跟山谷对话的时候,就说:'我爱你!'"

第二天,小沙弥又跑到山上,对着山谷喊:"我——爱——你!"声音刚刚落下,小沙弥就听到大山清脆的声音:"我——爱——你!"

小沙弥大惑不解,但是,他依然开心地笑了,当他的笑声传出去的时候,群山也笑了。

在人与人的交往中,每个人都会希望自己可以给别人留下很好的印象,一种好的印象可以创造出一种轻松愉快的气氛,从而使彼此建立友好的关系。但是,并不是所有人都会对你一见如故,这个时候与其抱怨别人不该对你冷漠,还不如改变自己对人对事的态度,让自己时常怀着一颗感恩的心,用春风般的微笑去打开别人的心扉。

总之，生活就像一面镜子，你对它微笑，它就会对你微笑；你对它愁眉苦脸，它也不会让你开心。如果我们不断地去做善事，做好人的话，那么我们播下了善良的种子，总会让我们收获"善果"的。

那是一个极其寒冷的冬天，天空飘着很大的雪，夜色越来越浓，路边一间简陋的旅店迎来了一对上了年纪的客人。然而不幸的是，这间小旅店早就客满了。

"这已是我们寻找的第十六家旅社了，这鬼天气，到处客满，我们怎么办呢？"这对老夫妻望着店外阴冷的夜晚发愁地说。

"如果你们不嫌弃的话，今晚就住在我的床铺上吧，我自己在店堂里打个地铺。"店里的小伙计不忍心这对老人出去受冻，便建议说。

老夫妻非常感激，于是在这里住下了。第二天他们要照店价付房费，小伙计坚决地拒绝了。临走时，老夫妻开玩笑地说："你经营旅店的才能可以当一家五星级酒店的总经理。"

"那真是太好了！那样我的收入就可以养活我的老母亲。"小伙计随口应道，哈哈一笑，眼睛里充满光芒。

故事到这里本来应该结束了，可是，没想到的是：两年后的一天，小伙计收到一封寄自纽约的来信，信中夹有一张往返纽约的双程机票，邀请他去拜访当年那对睡他床铺的老夫妻。

小伙计应邀来到繁华的大都市纽约，老夫妻把小伙计引到第五大街和三十四街交汇处，指着那儿的一幢摩天大楼说："这是一座专门为你兴建的五星级宾馆，现在我们正式邀请你来当总经理。"

小伙计目瞪口呆，使劲地拧了自己一把，很疼，他确定自己不是在做梦，他因为一次举手之劳的助人行为，把美梦变成了现实。

这个故事告诉我们，不以善小而不为，小伙计有一颗善良的心，所以才会做出那次举手之劳的助人之举，也因此改变了自己的一生。我们

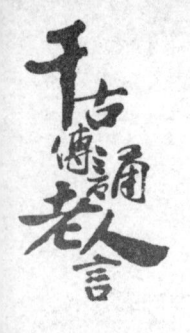

不妨想一下，如果小伙计对老夫妻的无助视而不见，那么，他的人生不会出现转机，他可能永远走不出那个简陋的小旅馆。

学会善待他人，善待身边的亲人、朋友、同事，即使是在自己疲劳和烦闷的时刻，也不要忽略他们的感受。我们生活的意义和幸福在很大程度上依靠生活中的其他人。所以，在力所能及的范围之内，不要拒绝帮助别人。不要因为帮助别人没有回报而沮丧愤懑，也不要因为他人把你的帮助看作理所当然而委屈郁闷。从最终的意义上，帮助别人也是帮助自己，因为即使我们没有得到其他什么，我们也没有任何理由放弃"善良"的本真。

一般人不可能独立地做事情，这就需要与人合作，与人合作也包括求人办事。无论是同事也好，朋友也好，不相干的陌生人也好，在生活和工作中难免也会有让他们帮你忙的时候。要想让他们心甘情愿地为你做事，你首先思考一下，在平时你有没有为他们做些什么。的确，人生之中，有时候我们并不知道自己一次无意中的善举会在哪一天得到丰厚的回报。

智慧典藏

种善因，得善果，今天我们帮助他人，给予他人方便，他可能不会马上报答我们，但他会记住我们的好，也许会在我们最需要帮助的时候解我们的燃眉之急。从另一个角度来说，我们帮助了别人，不图回报，但可以肯定的是，他日后至少不会做出对我们不利的事情。这样一来，我们以后的人生道路就会少了很多阻碍，也是对自己极大的帮助。

路留一步，味让三分

【人生箴言】

留一步，让三分，是一种谨慎的处世方法，适当地谦让不仅不会招致危险，反而是寻求安宁的有效方式。

"忍一时，风平浪静；让三分，海阔天空"。每个人都有自己的个性，都可能在某些方面与别人不同，相处常常就会产生大大小小的矛盾。当我们面对这些矛盾时，不可以"狭路相逢勇者胜"，因为胜的同时，一份友情也就消失了。《菜根谭》上说："径路窄处，留一步与人行；滋味浓时，减三分让人尝。此是涉世一极安乐法。"

所谓忍让，是指一个人与他人交往时，保持一种谦和、克己、委曲求全的态度和行为。这里忍让的是那些与自己的朋友、同学等之间的非原则性的小事，如与朋友或同事发生了一点小摩擦，就不要斤斤计较，应该豁达一点，吃点小亏算了。这样做的目的是避免破坏朋友之间的友谊以及同事之间的团结。而对生活中的一些消极现象和不良的社会风气以及坏人坏事，则不但不能忍让，反而应挺身而出，坚决斗争。

所以，我们所说的忍让，并不是不辨是非、放弃原则、毫无限度地对一切事物的忍让，该忍时忍，不该忍时则寸步不让。应做到"大丈夫能屈能伸"，这才是成功者具有的度量。

要做到忍让，就必须具有豁达的胸怀，在为人处世、待人接物时，不能对他人要求过于苛刻。应学会宽容、谅解别人的缺点和过失。要做到这一点，就要有气量，不能心胸狭窄，而应宽宏大度。特别是在小事上，如果宽大为怀，尽量表现得"糊涂"一些，便容易使人感到你通达世事人情。

中国古代有这样一个故事：

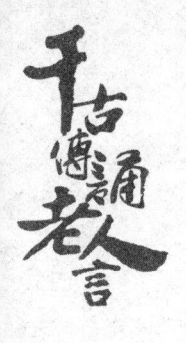

颜回是孔子的一个得意门生。有一次颜回看到一个买布的人和卖布的在吵架，买布的人大声说："三八二十三，你为什么收我二十四个钱！"颜回上前劝架，说："是三八二十四，你算错了，别吵了。"那人指着颜回的鼻子说："你算老几？我就听孔夫子的，咱们找他评理去。"颜回问："如果你错了怎么办？"买布的人答："我把脑袋给你。你错了怎么办？"颜回答："我把帽子输给你。"两人找到了孔子。孔子问明情况，对颜回笑笑说：

"三八就是二十三嘛，颜回，你输了，把帽子给人家吧。"颜回心想，老师一定是老糊涂了，但只好把帽子摘下，那人拿了帽子高兴地走了。后来孔子告诉颜回："说你输了，只是输一顶帽子，说他输了，那可是一条人命啊！你说是帽子重要还是人命重要？"颜回恍然大悟，扑通跪在孔子面前说："老师重大义而轻小是非，学生惭愧万分！"

这种宽厚与容忍绝对不是争斗的小人所能够做到的，明知对方错了，却不争不斗反而认输，虽然自己吃点小亏，但使别人不受损失。不重表面形式的输赢，而重思想境界和做人水准的高低，这样的人其实活得很潇洒。

成大事者善让，即遇事不与人无谓地争高论低，而是通过忍让的办法，去专注地做自己的事情。很多人之所以不能成大事，其中要害之一就是无谓地好争而不好让。

君子坦荡荡，这是千百年来流传下来的一种品德。做人要胸襟豁达。要有平和忍让之心，这不仅是一种魅力，更是事业有成之人的必备个性。

郑州原武人娄师德，字宗仁，曾做过唐朝的宰相。《资治通鉴》中说："娄师德以仁厚宽恕、恭勤不怠闻名于世。"司马光评价他"宽厚清慎，犯而不校"。虽然身居高位，但是娄师德一直谦恭勤谨，从不懈怠，严于律己，宽以待人，受到世人的尊敬。

娄师德在做兵部尚书的时候，有一次他巡视并州，进入并州境内时，邻近的县令都来迎接他，并且一路随行。到了驿站已是午饭时分，于是大家坐在一起吃饭。这时，娄师德发现自己吃的是白米饭，而其他人吃的都是粗糙的黑米饭。娄师德急忙把驿长叫来，责备说："你为什么用两种米招待我们？"

驿长很惶恐地回答道："一时弄不到那么多细米，所以……"

娄师德并没有怪罪驿长，只是语重心长地说道："这样不好，客人是不应该分成等级的。"于是自己换了黑米和大家一起吃。

娄师德弟弟被任命为代州刺史，临行之时，娄师德对弟弟说："我辅助宰相，你现在又管理一个州，受皇上的宠幸太多了，这正是别人所忌妒的，你打算怎样对待这些人的忌妒以求自免灾祸，保全自己的性命呢？"

他的弟弟跪下说："从今以后，即使有人朝我脸上吐唾沫，我也只是自己擦去唾沫，绝不还嘴，让兄长你为我担忧。"

娄师德说："这正是我所担忧的。人家向你吐唾沫，是对你恼怒，如果你将唾沫擦去，说明你不满，不满而擦掉，那不是违反了吐唾沫人的意愿吗？别人会因此而增加他的愤怒。不要擦去唾沫，让它自己干了，应当笑着去接受它。"

听了他的教诲，娄师德的弟弟会心地笑了。而这个"唾面自干"的故事也流传至今。

为朝廷的重臣几十年，娄师德在矛盾重重的中枢机构中从未有过帮派之争，也未有大起大落的经历，始终受到人们的推崇，这与他稳重的做人规范是不无关系的。因此，适当地容忍也是一种有效的自我保护措施，是一种智者的风度。

然而，在现实生活中却总是出现这样一个怪圈，那就是追求完美主

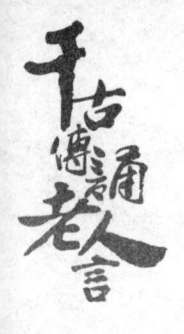

义。越来越多的人总是期望别人从不犯错，他们在自己的心里把身边的人塑造成理想的完美形象，因此，只要别人稍微犯错，或者做事的方式不按自己理想的方式来，那么他们就会在心中把那个人完全否定，会让那个"完美的形象"在心中轰然崩塌。因为理想和现实的差距太大，于是他们失望，他们生气，然后彼此开始互相猜忌，最终水火不容。

路留一步，味让三分，宽容大度，方能和谐圆满。所以，做人要有博大的胸怀，面对尘世中的纷纷扰扰、是是非非，去做一个"大肚能容，容天下难容之事；笑口常开，笑天下可笑之人"的弥勒佛，这样，你会发现，和谐圆满地度过一生并不是难事。

在狭窄的小路上行走，要留一点余地让别人走；遇到美味可口的食物，要留出三分让给别人吃。这就是一个人立身处世最安全最快乐的方法。路留一步，味让三分，是一种品质，更是一种胸怀。

逢人只说三分话，留下七分自己赏

【人生箴言】

言有尽而意无穷，有情尽在不言中。弦外之声，话外之音，正是话说三分，点到为止的艺术，不失为一种大智慧。既指出了对方的错误，又保全了其颜面，甚至可以打动人心。

话说三分，并不是狡猾或虚伪，而是一种适度的修养。说话前需辨清对象，倘若彼此关系浅薄，却一味主观地与之深交，则显得缺乏了一种风度；若尚未以挚友相称，而谈话已涉及对方隐私，则显得过于冒昧；没有搞清对方的立场，对于国家大事就高谈阔论，则容易招灾惹祸。正所谓"不得其人而言，谓之失言"。

所以，逢人只说三分话，不是不可说，而是不必说，不该说。懂得点到为止的人，在任何时候都能把握分寸，为自己留一条后路。呈现三分，而留七分在其后，无论事物发展到何种地步，都会使自己有足够的空间去掌控。听听这位父亲是如何教育女儿学会说话的：

爸爸下乡时有一个战友，家境贫困。那个年代的军人，每个月能得到部队给的一些微薄的津贴补助，这个战友每次都把这点钱攒下来，寄给乡下贫寒的父母。

后来，这个战友娶妻成家。妻子除了端庄漂亮之外，还是部队一位首长的千金。自然，这桩喜事格外引人关注。虽然他们婚后的日子是幸福甜蜜的，可人们总觉得大家闺秀和穷小子在一起，难免会有很多娇生惯养的小姐脾气。

婚后，这个战友还是坚持把每个月的这点津贴攒下来，寄回家里。但他却迟迟不愿告诉妻子，担心妻子不能理解他的孝心，却又生发出多余的联想。于是，他总是瞒着妻子偷偷把钱寄回家里。他心里清楚，这点钱对于乡下的父母是一个天文数字，而对于他们这个家庭，就可能是一个感情破裂的导火索。

后来，乡下的二弟写信向他借钱结婚。他二话不说，拿出了几百块钱，像往常一样夹在信封里，附了一封信，准备寄回去。可是，刚好那天他把信封揣在裤子的口袋里，事后一打岔，就忘记了。

有一天，妻子在帮他洗裤子，没整理口袋就泡进了肥皂水里。等搓洗完、准备拿出来晾的时候，突然发现口袋里还有个信封。妻子赶紧把纸拿出来晾，一看，居然还有几百块钱。

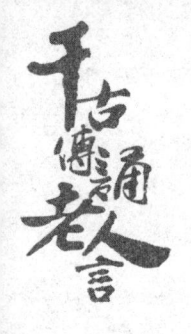

妻子读了信便明白了。等晚上丈夫回家后,她先道了个歉,说:"真对不起,今天洗裤子时忘了翻口袋,你瞧,这信也湿了。我看它还挺厚,怕干不透,就把你的信拆开了。"对于寄钱的事情却绝口不提。

丈夫心里好一阵翻腾,反复想想,还是向妻子说明了自己给家里寄钱的事。

本以为妻子会小心眼地和他吵闹,可没想到,妻子听了以后只是轻描淡写地说了句:"你这样把钱夹在信封里不安全,容易丢。下次我们还是汇款给爸妈吧。你要是觉得不方便,可以把钱交给我,我帮你汇。"

后来,两个人就像电视剧里演的一样,过得更幸福了。

当你发现对方犯了一个很明显的错误时,为了使对方能够尽快地改正,于是你好心地对他说:"看,你刚才说的有这样一个错误……"你满以为他会感激你,但是结果却让你很意外,甚至让你感到不可理喻——他坚决不承认自己犯了错误,更不用说感激你了。

你没有必要因此而责备对方,这种事情太常见了,几乎每个人都会有这样的毛病。当别人指出自己的错误,尤其是直截了当地指出的时候,一般人似乎都受不了。他会因此而产生一种让人觉得不可思议的强大的力量,正是这种力量迫使他拒绝接受你的批评或指正,即使他明明知道你是为他着想的。

另一方面,对于教育工作者,三分为止所留下的空间,则是让学生有了更多自省自查的机会。

陶行知在育才学校任校长时,一次考试,一位女学生在写作文时忘写了一个标点,被老师扣了分。试卷发下来后,她偷偷添上了这个标点后,来找老师要分。

陶行知先生虽然看出了问题,但还是满足了孩子补分的愿望。不过,他在那个标点上重重地画了一个红圈。

女学生领会了老师的意图,惭愧不已。多年过去了,女孩已经成人成才。她找到陶行知先生说:"那件事以后,我才决心用功学习,决心做个诚实的人。"

陶行知先生这种无声的"点到为止",绝不是毫无原则,更不是"麻木不仁",相反,正是教育技巧和爱心的完美结合。实际上,这是一种暗示:我知道事实是怎样的;更是一种警示:仅此一回,下不为例。如此,不但没有妨碍纠错,反而促进了孩子对做人更深刻的理解。

只说三分话,对于一般人来说是生活中需要锻炼的一种素养,而对于某些特殊职业,则涉及职业道德,甚或工作安全了。比如一名医生,对于特殊病人的状况、病历等,是只字不能向外人提及的,这是医生的职业道德;或者从事保密工作的人,说的这三分话,可能是风花雪月,也许是柴米油盐,抑或是天文地理,或许是稗官野史。总而言之,应该是一些无关紧要的材料。在外人听来,虽然说得头头是道、淋漓尽致,说得皆大欢喜,其实是言之无物,反而不会招来不必要的麻烦。

智慧典藏

说话是一门艺术,或者锦上添花,或者自毁前程。话音刚出既缥缈,后面的余味留给听者自品。这样,不仅可以泄掉因为溢满之词而惹来的局促,还能锻炼听者的"辨音"能力,加强自省自检的意识。如此点到为止的好处,何乐而不为呢?

第二章 规矩是死的,人是活的
——立身处世,须知人情世故

第三章
人有志，竹有节
——自强自立，在急流中勇进

路是要靠自己走的，你的一生，除了自己，谁也不能为你负责。别人可以帮你指明方向，但是不能代替你的脚步。别人可以传授给你人生的经验，但不能代替你去活。将自己的生命寄托于他人，寄托于老天，你将失去美好的前途。请记住，在人生的牌局上，主人只有一个，那就是你自己。

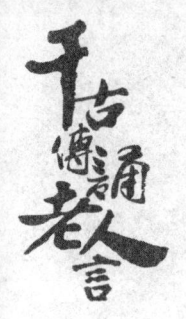

谷要自长，人要自强

【人生箴言】

生活中的强者在面对困难时，大多数会选择自立，他们通过自己的力量去战胜困难，去解决问题，而不是到处等、靠、要。

自力更生是克服困难的最好办法。如果遇上困难时，我们不努力去想办法解决，而总是乞求他人的帮助，那么就永远也不能自强自立。

梁启超谈到人的人格结构、人内在德性修养时，首先谈到人的独立意识。他说："所谓独立，就是不倚赖他人，而常昂然独自往来于世界者也。"他认为《中庸》所讲的"中立而不倚"，其实质就是指人的独立意识。梁启超把"独立意识"提到人的素质上来理解，他说："独立是人区别于动物的重要标志，是人类摆脱野蛮步入文明的标志。"

清代李鸿章、张之洞兴办洋务，其旨即在寻求国民工业、军事、商业的独立，他们想建立自己的民族工业，用来抵制外国工业势力对中国市场的渗透，想发展自己的军事工业，以抗击外国列强的侵略。他们虽失败了，但刺激了民族工业的发展。同时也从观念上对国民是个冲击。

正所谓"求人不如求己"。自明自救，救自己于水火之中，才是真正的人生警醒和生命彻悟。坚强地去面对人生中的暴风雨，自尊自信、自立自强，才是修行者应该具备的大无畏精神。

有一位出家人在屋檐下面避雨，看到一位禅师撑着雨伞从自己的面前走过，便喊道："禅师！佛法不是教我们要普度众生吗？你度我一程如何呢？"

禅师停下来，说道："我走在雨里，你却躲在屋檐下面，而檐下又无雨，你何必需要我去度你呢？"

出家人听到禅师这样说，便立刻走出屋檐，站在大雨中说："我现在已经在雨中了，你应该可以度我了吧？"

禅师说道："我也在雨中，你也在雨中，我没有淋雨是因为我带了伞，而你淋雨是因为你没有带伞。确切地说，不是我度你，而伞在度我。如果你要度，不必找我，请你自己找伞吧！"

那出家人在雨中被淋得浑身难受，便说道："不愿意度我就早说呀！何必要绕这么大的圈子呢？我看佛法讲求的不是'普度众生'，而是'专度自己'。"

禅师听到此话，不但没有生气，反而心平气和地对他说："想要不淋雨，就必须要自己找伞。真正悟道的人是不会被外物干扰的。雨天不带雨伞，一心只想着别人一定会带，自己一定能得到别人的帮助的，这种想法是害人的，总想依赖别人，自己又不肯努力，到头来必定什么也得不到。每个人都有本性的，只不过有的人还没有找到，平时也不去寻找，只想依靠别人，不肯利用自己的潜在的资源，仅将眼光放在别人身上，这样怎么能够得到成功呢？"

出家人听罢恍然大悟……

在生活中，我们何尝不是如此：一遇到困难，第一反应就是求助于父母、朋友、同事……我们以为他们都是生命中长长的路，认为他们是可以信赖，可以依靠的人，一旦得不到帮助，便心存抱怨，万分沮丧。

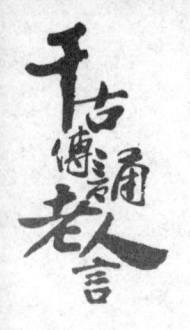

殊不知，他们只是生命中短短的一座桥，甚至是一个过客，不是自己可以长久依靠的肩膀。

唯有自己才可以改变自己的命运，自己的行为，决定自己未来的一切。凡事也要靠自己，别人是替代不了的。

康德说："每个人都是自己的主人。"意思是说，每个人都可以自由地支配自己的内心，并无须别人替自己做主！一个人内在的自主权是不受任何人的影响的，一旦你要别人顺从你的价值或信念，或者顺从别人的观念，你便削弱了这些价值与信念在你生活中的力量。如果你还需要得到别人赞同才能够快乐地生活，表示你已经遗忘了自己内在的自主权。所以，要做自己的主人，就要尽量靠自己的力量来帮助自己，而无须掺杂别人的任何意念或要求。

一天，一头驴不小心掉进了一个很深的垃圾坑里。它努力地往上爬，但因为垃圾坑太深，它总是爬到一半就滑了下来，最后它累得筋疲力尽，只好颓然地放弃了。整个白天过去了，依然没有人来救它，夜幕降临，驴子在黑暗的坑底悲哀地鸣叫着，然后沉沉睡去。

第二天，驴子被上面砸下来的东西弄醒了，它一看是垃圾，它抖落身上的垃圾，把它踩在了脚下，它发现它垫高了一点，于是，它想到了自救的办法。一整天都有人陆陆续续地往垃圾坑里倒垃圾，驴子都把它们垫到了脚下。

一天，两天，三天过去了，驴子每天都把垃圾垫在脚下，饿了就找能吃的垃圾，几天过后，这头驴终于踩着垃圾跑出了垃圾坑。

对于身陷垃圾坑的驴来说，如果它只是悲哀地等待，那么它将最终被垃圾掩埋。但是，聪明的驴却及时将垃圾踩在了脚下，并且成功地利用它们，走出了黑暗的深坑，完成了自救。

人生在世，难免会遇到困难。很多人一遇到困难时，就想求助于别人，希望得到别人的关爱、提携和赐予。所以，当求不到的时候，必然会灰心失望。

其实，大可不必如此，我们自己内心就有无尽的宝藏，我们完全可以从自己身上找出路，自己多想办法，根本不应将希望寄托于他人。为什么不自己去主宰命运，却要乞求别人的怜悯和帮助呢？

常言道："自助者，天助之。"这是一条久经验证的金玉良言。来自外在的帮助只会使受助者走向衰弱，而来自内在的帮助则必定使自救者日益强大，获得难以想象的成果。

当你坚强了自己的内心，将命运掌握在自己的手中，依靠自己的能量排除万难，去创造生命的奇迹时，你才能真正体验到什么是生命的意义。

智慧典藏

人没有独立意识，他的生活也难以有起色，因为不独立，就会依赖他人，而依赖他人的人，又有几个能获得长久的成功和幸福呢？所以，唯有独立，才能改变自己的处境，甚至能改变自己的命运。

不怕山高，就怕脚软

【人生箴言】

不敢行动是懦夫的行为，平庸困苦是不能努力拼搏之人的归宿。不能努力向上，不能一往无前，没有大无畏的精神，结果只能是止步于成功之前。

人生于世，路途坎坷，如果没有勇猛、精进的心，遇到危险与障

碍，就裹足不前，那么人生的路必定越走越逼仄，越走越狭窄。

其实，我们根本没有必要为前路上的艰难险阻而担惊受怕，该来的总要来，既来之则安之，勇敢地面对要比逃避、退缩好得多，最起码你经历了、体验了，这才会有长进。请记住，成功，并不是上帝给予的，而是人积极争取的。当你在困境中并不失望，乐观向上，心存希望，任何艰险困苦都不会成为我们通向成功的阻碍。

有一条小河从遥远的高山上流下来，它要流向浩瀚的大海，它每天就这样想："过了今天，也许明天我就会融进大海的怀抱了吧。"于是，它揣着这个梦想，唱着歌，欢快地流着。

经过了许多个村庄和森林，原野和小溪，最后它却来到了一个沙漠，它想："我历经了这么多艰辛，穿越了重重障碍，才来到这里，这次，我也一定可以越过沙漠吧。"

于是，它决定穿过这个沙漠，去它梦中的大海。

可是，当它穿越沙漠的时候，它的河水却被沙漠吸收，渐渐消失在泥沙中，试了很多次，但是总是无法穿越，它沮丧地想："也许这是上天注定的吧，我永远也到不了传说中那个浩瀚的大海。"

这时候，四周响起了一阵低沉的声音："如果微风可以跨越沙漠，那么河流也可以。"原来这是沙漠发出的声音。

也许你也曾经像这条小河一样，历经艰辛，却在快要到达理想的彼岸时遇到了自认为不可逾越的障碍，在这个时候我们是否要放弃昨天所有的努力呢？你是否孤独地不知道何去何从？你是否向命运屈服？其实，没有什么上天注定，我们手心里清晰的脉络就是我们的命运，它握在我们自己的手中。

生命是多么的宝贵和难得，也是美好的，所以，在我们活着的每一个瞬间，我们都要丰盛地活出自我，梦想总是如此地无奈，而我们却不得不去面对。无助的时候，只有直视人生，面对真实的自己，才会有希望。我们只要相信，并努力地去做，今天的黑暗总会过去，黎明会划破晨曦，给我们带来一个美好的明天。

美国一个大学教授叫作汤姆·惠特克，他从小就喜欢登山，而且从小就有一个愿望，那就是登上珠穆朗玛峰——那座世界上最高的山峰。

从小到大，他一直向自己的这个目标奋进，攀登上很多的山峰，而且很多是很高大的雪山。每次征服了一座雪山之后，他就会很兴奋，因为他觉得自己离梦想更近了一步。

不幸的是，他在1979年遭遇了车祸，截掉了一条腿。从此，他只能靠一条正常的腿和假肢行走了。

遭遇这个不幸以后，他并没有对生活失去信心，也没有悲观失望、自怨自艾，更没有改变他从小到大的梦想，他依然渴望有一天能够登上珠穆朗玛峰。

他做了无数次的练习，无数的准备工作，依靠一条正常的腿和假肢开始攀登珠穆朗玛峰。

他的第一次攀登珠穆朗玛峰的行动是在1989年进行的，但是很遗憾，这次行动失败了。他并没有沮丧，也没有放弃信心，于1995年进行了第二次尝试。然而遗憾的是，由于天气等诸多原因，他的第二次攀登又没有成功。

两次失败让他越挫越勇，他于1998年进行了第三次攀登珠穆朗玛峰的行动。这一次，他不负众望，在5个尼泊尔人的帮助下登上了珠穆朗玛峰，那一年，他已经50岁了。

这是多么伟大的壮举啊！一个正常的年轻人登上珠穆朗玛峰尚且不易，更何况是一个半百的独腿残疾人！

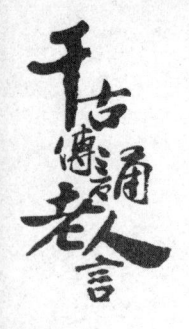

"世上无难事,只要肯攀登。"很多时候,我们缺少的不是先天的条件,也不是能力,而是勇气和一颗不设限的心。

在现实生活中,有些人看起来很聪明,给人的感觉是非常能干的,但是到最后,这些人并不能真正做成什么事情。反而,一些看上去能力一般,没什么出众才能的人,却能够成就一番伟大的事业。这都是因为那些自以为聪明的人没有持之以恒的毅力,面对一点挫折就选择了放弃,而那些做出成就的人,他们都能专注于自己的目标,内心从不彷徨,也不迟疑,集中精力奋斗到底。

所以,在前进的道路中,一切浅尝辄止、见异思迁者的内心是迷惘的,最终也收获不到成功的果实。只有当你准确地选择好属于自己的"一件事",并全身心地投入那"一件事"中,不轻易放弃,也不轻易改变前进的方向,内心才不会迷茫,最终才会有所收获。

【智慧典藏】

人在奋斗的过程中,由于条件所限,必然困难重重,也会有种种干扰。这些困难、干扰就像一座座山横亘在我们前进的道路上。正所谓"世上无难事,只要肯攀登",面对困难这座大山,是望山止步,还是翻山而行?需要的是内心坚定的信念。

不怕百事不利,就怕灰心丧气

【人生箴言】

一个人跌倒的次数越多,他就会越快学会走路,经历的挫折越多,越能够在人世中处变不惊，站在另一个让人仰望的高度上俯瞰人生，人生就是在不断跌倒中前进的。

厄运是很好的教师，它能使我们学到并深刻体验到许多知识，并对此难以忘怀；它将使我们认识到自己的能力，认识到自己的局限。因为失败，所以才更有可能接近成功，因为失败，才更珍惜人生难得的机遇。

人的一生中，挫折和失败是不可避免的。这些遭遇，或许会让你感到痛苦，但是，也正是这些痛苦，可以给你带来人生不同的经验。在你孤立无援的时候，也不要放弃进行最后一搏的勇气。正如花草一样，它们经历了风霜雪雨、严寒酷暑，可到了来年春天，它们依然吐绿绽蕾，灿烂整个世界。

我们的人生就像一个弹簧，只要对它压一压，就能爆发出更大的力量。爱默生说过，我们的力量来自我们的软弱，直到我们被戳、被刺，甚至被伤害到疼痛的程度时，才会唤醒蕴藏着神秘力量的愤怒。看看那些伟大的人物吧，他们总是愿意被当成小人物看待，因为他们知道当坐在占有优势的椅子中时会昏昏睡去；当被摇醒、被折磨、被击败时，便有机会可以学习一些新的东西。

桑兰是中国体操队原队员，因为她在体操赛场上的优异表现，曾经被誉为中国的"跳马王"。但是，就在她的大好年华里，不幸却降临在了她的身上。1998年7月22日，她在第四届美国友好运动会的一次跳马练习中不慎受伤，造成颈椎骨折，胸部以下高位截瘫。她不得不提前结束自己的体操生涯。

然而结束体操生涯的她却并没有因此湮没在人群中，甚至比以前更加"著名"。让桑兰"著名"的，是她的精神、她的毅力，她永远灿烂的微笑，成为人们心中挥之不去的烙印。

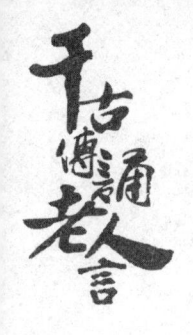

　　当时,受伤后的桑兰表现出了与其年龄不符的坚强,伤势异常严重的她从苏醒过来以后,就没有流过一滴眼泪。伤好之后,虽然只能坐在轮椅之上,但是,从她重新面对公众的目光那一刻起,她的面容就永远浮现着灿烂的笑容。17岁的小姑娘,让人慨叹的微笑,征服了世界,从此以后,桑兰的顽强意志和乐观向上的精神就被人们广为传颂。

　　2002年9月,桑兰被北京大学新闻与传播学院新闻系破格免试录取,就读广播电视专业。在北大就读的那段时光更加锻造了她顽强的意志。她凭借自己顽强、乐观、坚强、勇敢的心态,在北京大学新闻系毕业,并成为2008年北京申奥大使之一,桑兰传播着中国的奥运之梦,她此生注定要和奥运结缘,用她自己的行动和事迹感染着整个世界!用她的微笑告诉人们什么才是真正的坚强,她成为最富奥运精神的女性榜样!

　　身体上的残疾并不能阻止一个人成功的脚步,一次挫折也不能打消自己的意志,桑兰就是靠着自己的一步步坚持才有了今天的成就。在面对挫折、困难时,我们不但要有勇气去面对,还要用智慧和技巧去解决因挫折、困难而产生的问题。把挫折和困难当作人生道路上一次小小的测试,挑战一下自己。也许会失败,但这将会有助于我们以后获得更大的成功。

　　挫折,其实也是一段旅程,只不过这段旅程注定是一段曲折的路程,可是有时多走一段弯路,也许能够多一份人生体会,多一份人生智慧。面对挫折时你的选择,不仅关乎你当下的生活,更关乎你人生的未来走向。其实挫折并不可怕,倘若你将挫折当成一次测试,那么就会发现:在挫折的路上能学到的更多,反而会助自己离成功更近一点!

　　10岁以前,他曾是一个快乐无忧的小男孩,然而,10岁那年,他的生活却在一次意外触电中发生了翻天覆地的变化。

因为不幸的意外触电,他失去了双臂,这对任何一个孩子来说都是极其残忍的事情,有过悲伤,有过痛苦,最终他说出了一句震撼人心的话——要么赶紧死,要么精彩地活下去。

从此以后他开始重新做回自己,在半年的时间里,他学会了用脚洗脸、刷牙、穿衣、吃饭、写字,基本上需要用手做的事情,他都学会了用脚代替。更加不可思议的是12岁的时候,他竟然在康复医院的水疗池学会了游泳。

2002年,他被选入北京残疾人游泳队。2004年,他在全国残疾人游泳锦标赛上获得了两金一银。当时,他对母亲许下承诺:在2008年的残奥会上拿一枚金牌回来。

世事变幻无常,就在他雄心勃勃地为奥运会努力做准备时,高强度的体能消耗导致了免疫力的下降,他患上了过敏性紫癜。医生告诉他母亲,由于高压电对他的身体细胞有过伤害,如果他不放弃训练,很可能会患上红斑狼疮或白血病,万般无奈之下,他只好放弃他想在奥运会上夺冠的梦想。

因为对音乐的无限偏爱,放弃了游泳之后的他把所有的希想都寄托在了音乐之上。经过无数次的练习,他终于学会了用脚来弹钢琴,为了能够达到更高的境界,他每天练琴时间超过7小时。

在追求音乐梦想的道路上,他也并不是一开始就顺风顺水,在一个选秀节目中,预选赛的时候,他在场上还没有唱几句就被评委喊"停"。面对评委的否定,他觉得这不算什么。在他看来,生命就是由一个又一个的挫折组成的。正是这种积极的心态,让他看到了成功的曙光。

2010年8月,他在《中国达人秀》的舞台上弹奏了一曲《梦中的婚礼》,他的琴声感动了在场所有的人。当评委高晓松问他这一切是怎么做到的时,他说了那句一直鞭策着他的话:"我觉得我的人生中只有

两条路,要么赶紧死,要么精彩地活着。"所有的人都为之动容。最终,他在这场比赛中夺冠,成为首位"中国达人"。他就是23岁登上维也纳金色大厅的残疾人艺术家——刘伟。

顺境是悠扬愉悦的调子,逆境则是低沉哀伤的音律。但是不管怎么样,它们都是我们生命的一部分,都能让我们的生命在经过一次次困境的洗礼之后,变得更加精彩,生命之中不可能一帆风顺。

面对挫折做出何种选择,是消沉还是奋进?就决定了你会拥有一个什么样的人生。刘伟说过:"我能像正常人一样生活,养活自己,虽然我体会不到拥抱别人的幸福感,但我能够在琴声中感受到更多的幸福。"是的,刘伟做到了,他告诉我们,没有手,用脚一样能弹钢琴。他还告诉我们,即使生命的脆弱让他失去了双臂,但生命的顽强却能让他拥有生存的辉煌!

换作我们,能否像刘伟一样,用微笑面对挫折吗?恐怕,能做到的人少之又少!正因为如此,我们才只能陷于悲伤之中,看不见成功的希望。因为一次挫折就变得懦弱,变得丧失斗志,这样的人,永远不配谈"实力"二字!

然而,就是有一些年轻人不懂得这个道理,遇到挫折时,就会变得垂头丧气,甚至否定人生。看看那些功业彪炳千古的伟人吧,他们有哪一个,会像我们一样,在遭遇挫折时变得无比消沉?相反,他们都会懂得从挫折中汲取经验教训,从而取得辉煌的成就。

智慧典藏

一个人如果经不起一点风雨的洗礼,面对挫折轻易放弃,这样不仅会使之前付出的所有努力付诸东流,久而久之,你还会发现前面的路困难重重,而那些阻碍你前进的东西都是你无法跨越和征服的。长此以往,你就会变得没有任何担当,习惯用逃避来解决问题,一个不敢直面人生困境的人,是永远不会成功的。

人往大处看，鸟往高处飞

【人生箴言】

人生在世，除了需要空气、食物、水和阳光之外，还需要有信念和梦想！有远大的志向是催促我们向前的动力，也是生命中最重要的激励因子。

目标是我们前进的方向，普通的目标可以促使我们实现平凡的理想，卓越的目标才能够激发我们成就伟大的成功。如果要实现非凡的成就，首先要制定非同一般的目标。追求卓越正是迈向成功的基础。

有的人身体强健，强在了体格；有的人坚强耐久，强在了性格；还有一种人心比天高，这是强在了能力与气魄。这种气魄不是凭空的奇想，而是建立在自己能力的基础上。这样的人建立的目标是常人不敢想象的，这样的人获得的成功更是令天下动容。

追求卓越的人往往有不同于常人的地方，他们往往能够高瞻远瞩，洞悉事物发展的规律；他们还有坚韧不拔的性格，能够承受前进路上的挫折与困难；他们还有敢为天下先的勇气，敢于去做第一个吃螃蟹的人。

长期风吹日晒的墙角边竟然生长出一棵小草，它刚钻出地面，便好奇地环视四周。

这是一个阴暗潮湿的墙角，四周都笼罩在一片晦暗之中，它不禁皱了皱眉头，抬头望了望搏击长空的雄鹰，一种仰慕之情油然而生，它也想像雄鹰那样拥有广阔的天地。小草很不甘心，同是世间生物，

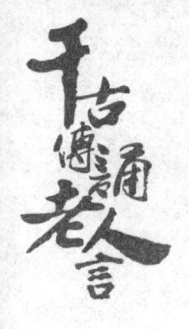

为何自己就要生存于这被遗忘的墙角之中,它渴望走出墙角,朝外面的世界看一眼,哪怕一眼也好。

于是,小草把自己的想法告诉了邻居青草,却招来了它的热讽,"我们就这个命,别怨天尤人了,听说外面危机重重,还不如这里呢!"

小草没有说什么,但走出去的信念却在心头滋生,它不愿永远做个井底之蛙,在墙角的那边,一定五彩缤纷。

小草每天都在等待着每一个难得的进入者,但青草却讨厌这些不速之客的打扰。小草幻想墙角那边的样子,蔚蓝的天空,碧绿的草坪,竞相绽放的花姐妹迎来了一只只嬉戏的蝴蝶……小草陶醉其中,它心中的那份信念更加坚定了。

这天,一群小学生进入了墙角,义务做打扫工作。小草彬彬有礼地向他们诉说:"我是一棵小草,我想出去瞧瞧,你们能帮助我吗?"

这群小学生原本还比较好奇,耐心地听着这一切,可仔细一听,笑笑走了。

小草叹了一口气,邻居青草笑道:"也只有你这么傻,你看吧——你要是什么奇花异草,别人或许还会把你带回去种植,可你——"小草不予理睬,以青草的话来说,它又在做青天白日梦,青草无奈地摇摇头。

忽然,有一个小学生转回身来,同情地望望小草说:"好,我答应你!"小草激动得热泪盈眶,不住地道谢。

青草眼睁睁地看着小草被放入花盆带走了,羡慕不已,悔不当初。

就这样,小草终于走出了墙角,看见了流光溢彩的世界。后来,它竟被发现是一种很好的药材,用于制药。

阻碍我们成功的最大绊脚石往往就是这种错误的想法:认为天才或成功是先天注定的。就像故事中的青草一样,因为自己只是卑微的青草,便安心于生长在墙角,它认为这就是它的命运,事实也证明,安于天命,就只能在阴暗的墙角待一辈子。固然,一粒煮熟的种子即使在适宜环境下也不会发芽、生长。但是,只是因为成不了高大的橡树,只是因为自己不可能像橡树一样高直,就不相信自己的能力,就处在犹豫和彷徨中浑浑噩噩地度过一年又一年,那是非常荒唐可笑的。只要有自己的目标,并为这个目标去不懈地奋斗,你就会像那棵小草一样,拥有流光溢彩的世界。

人生的最终价值在于觉醒和思考的能力,而不只在于生存,即使再迷茫,我们也要把握好自己的人生方向,不要在现实的洪流中迷失了自己。这就要求我们有一个远大的人生理想,让它成为我们的指航灯,给自己一个奋斗的方向,这样,我们才不会湮没在人海中,碌碌无为地过完一生。我们常听到人们谈论天赋、运气、机遇、智力和优雅的举止对于一个人的成功是多么重要。当然,除了运气和机遇,其他因素都十分重要,但是,如果有了这些条件却没有坚定的目标,也是不会成功的。

退休的菲尔德先生不甘寂寞,有一天他突发奇想,想在大西洋的海底铺设一条连接欧洲大陆的电缆。这个想法让他的家人和朋友吓了一跳,如此浩大的工程,其他人想都没想过,更不要说把它实现了。

面对周围人的不理解,菲尔德先生全身心地开始推动这项事业,他使尽浑身解数,从英国政府那里得到了资助。他的方案在议会进行讨论时,遭到了强烈的反对,庆幸的是,最终以一票的微弱优势通过了。

菲尔德的铺设工作开始了。没想到进行了没多久,在电缆铺设到5英里的时候,它突然卷到了机器里面,被弄断了。第一次的尝试失败了。

很快进行了第二次试验。在这次试验中,在铺到200英里长的时候,电流突然中断了,为了保护船上人员的安全,菲尔德先生命令割

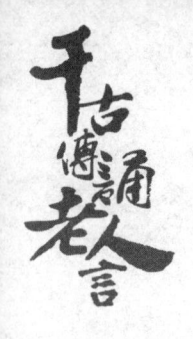

断电缆,放弃这次试验,第二次试验又失败了。

就这样,失败再试验,试验再失败,一共进行了五次,在五次的失败以后,没有人再愿意与菲尔德先生合作了,投资人也都离开了他。所有条件都不再支持菲尔德先生了,这项工作不得不搁置,而且一搁就是一年。

在所有人都快忘记这件事的时候,菲尔德先生组建了一个新的公司,继续从事这项工作,他的公司制造出了一种新型电缆。这次铺设工作一气呵成,而且顺利接通,发出了第一份横跨大西洋的电报。

菲尔德先生铺设的海底电缆到现在仍然在使用,这是菲尔德作出的卓越贡献。这个项目最终也为他自己和投资人带来了丰厚的回报,可以说是两全其美的结果。

铺设海底电缆是个非同一般的目标,是绝大多数人想都不敢想的事,能够完成这个工程,必定会被载入史册。菲尔德先生凭借他过人的胆识,制定了这个目标,并且坚韧不拔地把目标实现了。他的成功最初就是来自对卓越的追求。

想要取得真正的成功,就要把追求卓越当作我们持久的动力和永恒的目标。普通人想要在自己的职业领域中大显身手、功成名就,就需要坚持不懈、始终不渝地追求卓越。

信念是一股支持我们成功的强大力量,没有人敢低估它的作用。当你认定你能够拥有某些东西的时候,一定要在心里坚定自己能够拥有的信念,很多人一辈子庸庸碌碌并不是因为上帝这么安排的,而是因为他一辈子没有产生过成功的念头。

困境只是摆在希望面前的一堵纸墙,只要下定决心去捅破它,伸伸手指就行了。我们不能总是被眼前的困难迷惑,困难是成功的影子,如影随形,我们不能因为一片暗影,而失去了阳光。人生,没有困境就无法精彩,不冲破困境,找寻希望,就无法提高,要想生命之花开得更加艳丽，就必须在不可能的时候找到可能，永远不要失去成功的信念。

　　人生可以平凡，但我们拒绝平庸。在物竞天择、优胜劣汰的竞争法则面前，追求者必须勇于逆流而上，在淡泊中丰富智慧，从平凡中抬起头来，孕育卓越，让人生在不断进击和攀登中展现王者之风，尽显英雄本色。

锲而不舍，金石可镂

【人生箴言】

　　梅花香自苦寒来，一个人要想取得成功，就要经得起磨炼，要有不抛弃，不放弃的梦想。持之以恒的态度，才是我们通向成功的基石。

　　"再坚持一下，成功与失败就在于能不能挺住这一会儿。"可是往往，坚持的姿态并不是很壮观。因为它常常需要我们把腰弯得很低，于是，就不可能器宇轩昂，就不可能放眼四海，不可能慷慨陈词，只能以一副艰难的样子，维持自己的不屈。

　　然而，每一个成功的人都知道，取得成功并不是一个简单的过程，它需要不断付出艰辛的努力。但只要坚持到底，必能采摘到胜利的果实。

　　歌德曾说："只有两条路可以通往远大的目标：力量与坚韧。力量只属于少数得天独厚的人；但是苦修的坚韧，却艰涩而持续，能为最微小的我们所用，且很少不能达成它的目标。"每个人在向人生的理想目标

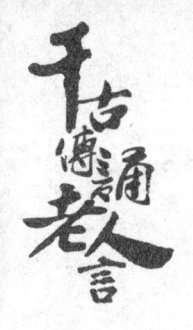

挺进的过程中，都难免会遇到各种阻力和重重困难，此时最难能可贵的便是持之以恒。世界上没有任何东西能够代替恒心。持之以恒是一种毅力、一种精神。"持之以恒"，即是做自己命运的主宰，不被眼前的困难吓倒，不半途而废，不功亏一篑。

守住恒心是需要付出代价的。当你在向目标挺进的时候，千万别被别人嘲弄的声音、讽刺的话语、卑鄙的评论吓倒，你只要堵住你的耳朵，别去理睬他们，继续前进，最终你会成功的。

一个小村庄连年闹干旱，为了找到水源，住在附近的一个人便去挖井取水，这个人经过多年的勘测，终于找到了水源。

于是，他决定在这个地方挖井。但是，他挖到预计见到水的深度时没有见到水，他非常失望。他继续往下挖，但依然没有看见水。他彻底失望了，他怪自己看走了眼，认为自己选错了地方，沮丧地到别的地方去了，就这样，他一直都没有找到水，只好灰溜溜地回去了。然而没过多久，有一个旅客来到这个地方，实在口渴难耐，当他发现那个废弃的井后，便继续往下挖，没有想到的是他只往下挖了仅仅几尺就见到了甘甜的井水。

其实，很多时候，我们就不知不觉地成为第一个挖井人，在快要成功的时候选择了放弃，使自己以前的努力付诸东流。我们不能说前一个人愚蠢，他能找到水源，就是一种实力；你也不能说后一个人幸运，并不是所有的人都能在别人废弃的地方找水。有的时候，我们只要再坚持一会儿，就可以收获果实。

在我们的工作学习中，无论干什么事情，越接近成功的时候越艰难，在这个时候越要考验我们的意志力。很多时候，我们之所以失败，并不是我们没有做好这个事情的能力，而是因为我们在困境面前没有了坚持下去的勇气，一个成功的人一定有常人没有的意志力，他们顶着风雪勇往直前，正是这种勇气与坚持，成就了他们成功的人生。

很多名人的成功正是得益于这种方法——耶鲁大学的乔治·戴维森教授就是依靠这种强大的信念取得成功的。

年轻时候的乔治有一个梦想，他希望能够改变世界、服务全人类。为了达到这个理想，他需要接受最好的教育，而美国是他最理想的去处。当时的乔治身无分文，要到1万千米外的美国去，简直就是天方夜谭。不过，他还是出发了。

他徒步从他的家乡尼亚萨兰的村庄出发，穿过东非荒原到达开罗，在那儿他可以乘船抵达美国。他一心想的是到达那个可以帮助他改变自己命运的国家，其他的一切他都可以置之度外。他一开始就遇到了极大的困难。在崎岖的非洲大陆上，他用了5天才艰难地跋涉了25英里（约40千米）。他的食物已经吃完，水也已经喝完，而且，他身无分文。他还需要继续前进几千英里。

回头吗？还是拿自己的生命赌一把？乔治知道，回头就是放弃，就是回到贫穷和无知。而他不想这样。他相信自己能够克服这些困难，到达自己的目的地。于是，他对自己说："继续前进，除非我死了。"他继续孤独地前行。他常常席地而睡，以野果和其他植物维持自己的生命。旅途使他变得瘦弱不堪。由于极度的疲惫和近乎绝望的灰心，几次他都想放弃。但是每当这时，他就自己给自己鼓气。终于，他战胜了自己的怯懦，充满信心地继续前进。

经过种种磨难和痛苦，1950年10月，乔治终于用两年的时间来到了美国，骄傲地跨进了斯卡吉特峡谷学院的大门。凭着对目标的专注和近乎神圣的成功的信念，乔治战胜了常人难以战胜的困难。

有的人总是在不停地抱怨上天的不公，总是认为别人的成功都很简单，而上天却不给自己成功的机会。其实，不是上天不给你机会，也不

是机会的敲门声太轻,而是自己没有把握住机会。一个人如果没有持之以恒的耐心,机会即使在你的手中也会很快溜走的。只要我们不抛弃、不放弃,梦想就会有开花的时候。

纵观古今中外的成功人士,他们都有着超乎常人的意志力和忍耐力,而最终的胜利往往就是这种执着精神的馈赠。人生好比行路,当我们向一个目标进发时,往往是最后一段路程最难。因为这时候的体力和耐心已经达到了极限。如果坚持不下去,就会前功尽弃。但如果你想成功,就必须要顶住压力,用尽全力角逐"最后一公里"。当你真正取得成功时,再回头看曾经付出的努力,就会发现,你肩负的压力都已经烟消云散了,取而代之的是成功的喜悦。

人世间没有一蹴而就的美事,专一的目标和持之以恒的努力都是成功的必由之路。如果坚信目标的正确,就不要烦恼那扇理想之门久久不为你开启。纵观古今中外的历史,凡是取得巨大成就的人,都是勇于坚持到底、有恒心、有毅力的人。他们的成功雄辩地说明:只要具备了排难而进、坚持到底的精神,无论办什么事情都能取得成功。反之,半途而废,则会功败垂成。

吃得苦中苦,方为人上人

【人生箴言】

如果痛苦,就超越痛苦,那对岸有彩虹般的幸福等待着。最美好的人生是先苦后甜,是经历苦难之后,凤凰涅槃般的蜕变。

生活就像是一杯没有加糖的苦咖啡，香醇中掺杂苦涩。其实，人活着就要接受许多挑战，要面对许多难题，所以生活的本质就是苦。从另一个角度来看，苦还是一种警讯，它告诉我们有了难题，有了危险和困境。如果不愿意正视它，不设法解决眼前的难题，那些难题就会累积重叠，构成更严重的困境，集合成更巨大的痛苦，导致溃败。所以每个人都必须设法走出困境，解决问题，才能够消灭痛苦。

吃苦耐劳是获取成功的秘诀，也是每一位渴望走向成功的人应该具备的基本素质。有道是"苦尽甘来"，当一个人通过勤劳苦干，让自己的能力提高到了一定的程度时，自然有各种发展机会降临。

中国香港首富李嘉诚，被美国《时代》杂志评选为"全球最具影响力的25位企业界领袖"之一，他所建立的长江实业为香港的第一大企业集团。他的成功离不开吃苦耐劳精神。

李嘉诚幼年丧父，家庭的重担由他一肩扛起。14岁正是一般青少年求学的黄金岁月，应该是无忧无虑的，然而迫于生计的他不得不选择辍学，走上谋职一途。他好不容易在港岛西营盘的春茗茶楼，找到了一份服务生的工作。每天清晨五点左右一般人都还在睡梦中的时候，他就必须提起精神从温暖的被窝中爬起，然后赶到茶楼准备茶水及茶点。每天他的工作时间长达15小时以上。生活简直就是一场严酷的考验与磨炼。

舅父非常疼爱李嘉诚，为了让他能够准时上班，就买了一只小闹钟送他。他把闹钟调快了十分钟，以便能最早一个赶到茶楼开门工作。茶楼的老板对他的吃苦肯干深为赞赏，所以李嘉诚就成为茶楼中加薪最快的一位员工。

曾有人问李嘉诚的成功秘诀，李嘉诚讲了下面这则故事：

在一次演讲会上，有人问69岁的日本"推销之神"原一平其推销的秘诀是什么，请你给大家讲讲。他当场脱掉鞋袜，将提问者请

上讲台,说:"请你摸摸我的脚板。"提问者摸了摸,十分惊讶地说:"您脚底的老茧好厚呀!"

原一平说:"因为我走的路比别人多,跑得比别人勤。"

李嘉诚讲完故事后,微笑着说:"我没有资格让你来摸我的脚板,但可以告诉你,我脚底的老茧也很厚。"

李嘉诚讲的这个故事,给我们这样的启示:人生中任何一种成功都不是唾手可得的,不能吃苦,不肯吃苦,是不可能获得任何成功的。其实,人们忍受苦难的能力是非常大的,不论有多么大的困苦,都可以千方百计去克服。

每个人都在极力追求成功,追求幸福,同时,有些人又在极力躲避痛苦,但是,成功少不了痛苦,它是无论如何也躲避不了的事。人们能够做到的,只是如何缩短痛苦,减少、避免那些由于自身的原因所造成的痛苦。如果我们遇到了痛苦,不要急着去躲避,而应力求化解痛苦,争取成功。

"吃得苦中苦,方为人上人。"这句流传千百年的至理名言,告诉我们一个这样的道理:吃苦耐劳也是成功的秘诀。那些能吃苦耐劳的人,很少有不成功的。这是因为苦吃惯了,便不再把吃苦当成苦,能泰然处之,遇到挫折也能积极进取;怕吃苦,不但难以养成积极进取的精神,而且会对困难和挫折采取逃避的态度,这样的人当然也就很难成功了。

在一座名山中,有甲乙两块石头。有一天,甲石头对乙石头说:"山上实在太闷了,咱们出去闯一闯吧,能够搏一搏,不枉来此世一遭。"乙石头并不同意:"何苦呢?我每天都被周围的花草簇拥着,被温暖的阳光照耀着。这样的日子太惬意了!那路途的艰险磨难,肯定会让我粉身碎骨的,我可熬不住!"

听到乙石头这么说，甲石头摇了摇头，准备一个人离去。在一个下雨的夜晚，它随着山溪滚涌而下，历尽了风雨和大自然的磨难，依然执着地在自己的路途上不停奔波。乙石头嘲笑它的行为，每天在高山上享受着安逸和幸福。在它看来，甲石头就是个疯子。

一转眼，50年的时光过去了。甲石头历尽磨难，成了世间少有的珍品，被千万人赞美。乙石头知道后，有些后悔当初没有听从劝告。现在它想投入世间风尘的洗礼中，然后得到像甲石头那样拥有的成功和高贵，可是一想到要经历那么多的坎坷和磨难，甚至疮痍满目、伤痕累累，它觉得自己根本没有熬下去的勇气，于是又退缩了。

又过了几年，人们为了更好地珍藏石艺的奇葩，准备为甲石头修建一座精美别致的博物馆，建造材料全部用石头。于是，工匠们来到山上把乙石头砸得粉碎，给甲石头盖起了房子。

对于荣耀，甲乙两块石头都有向往，不过，甲石头选择了艰难坎坷，情愿在恶劣的环境下熬炼，所以它成了石艺中的珍品；而乙石头却不敢经历痛苦，最后只得落个粉身碎骨。

甲乙两块石头，不正是现实中的我们吗？想想看，你是不是也有过这样的心态：渴望美好，但不愿坚持；身在窘境，但丝毫没有熬下去的勇气。这样的你，自然与成功绝缘。

"新东方"总裁俞敏洪曾说："人这一辈子遇到困难、挫折和失败不怕，重要的是我们遇到困难的时候要拥有好的心态。世界上有两种人，一种人遇到困难和失败以后就会害怕，就会充满绝望地倒下去，这种人一般一辈子就会以失败者的形象出现；另外一种人在遇到困难和挫折后，会用勇敢的心和坚韧不拔的意志去对待它，这样的人在未来是容易做成事情的。所以，我觉得无论你是否愿意往前走，生活总会遇到困境，但结果却是不一样的，如果你不往前走，生活永远是这样；但是当你遇到了困难往前走的话，你就会翻越过去。"

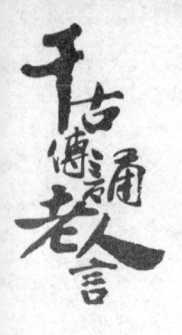

俞敏洪如今的成绩,你不羡慕吗?古之立大事者,不惟有超世之才,亦必有坚韧不拔之志。商场也不例外,所有成功人士,都从无到有地走向成功,总是与坚韧为伴。永远记住这句话吧——吃得苦中苦,方为人上人!

吃苦并不是一种折磨,而是一种快乐。我们应该学会苦中求乐,先苦后甜。我们要明白一个道理:吃苦不代表吃亏,吃亏不代表吃苦。因此,不论做什么事,经营什么事业或在什么工作岗位上,都要懂得学会吃苦。唯有面对问题,解决问题,遇到错误立刻改正,才是成功之道。

不磨不炼,不成好汉

【人生箴言】

每一次的创伤带给你的不仅是苦痛,更重要的是教会你不断地成熟。挫折、困苦、失败,都不可能击倒意志坚强的人,只会引领他们走向成熟、走向成功。

海伦·凯勒不止一次让我们在动容中感到震撼,就像她在《敞开的门》中所说:"每小时,每一天,我们都在反抗痛苦。仿佛我们哀悯的人是上帝孩子中痛苦最深的。我们奇怪为什么这痛楚要加在我们身上,因而不停地哭。但是只要我们有承担悲愁的力量,到头来就会发现我们的灵魂最尊贵。'痛苦如果征服不了我们,便不算是罪恶'。"

我们从中可以获得令人奋发向上的激情，以及用一颗勇敢的心去战胜脆弱和孤独的力量。人生的道路上，困厄是常规，幸运是奇迹。在某一阶段，坦途总会少于荆棘，甚至还会有让人痛不欲生的艰难。茫茫大千世界，有多少脆弱不堪的人在面对风雨时畏畏缩缩，因放大痛苦而一蹶不振。而心灵强大的人则把这一切看作一种孕育着成功希望的机遇，接受、沉着而坚挺。

四十多年前，他就因罹患"卢伽雷病"被禁锢在轮椅上；近20年前，他又丧失了语言能力，而用来表达思想的唯一工具是一台"电脑语言合成器"。他用全身仅能活动的三个手指操纵着一个特别的鼠标在电脑屏幕上造句，通常造一个句子要五六分钟。医学理论认为患上这种病会逐渐丧失运动能力，平均只能活两年左右，但他却是个例外。就是这样一个连最起码的生活都不能自理的人，却创造出科学的辉煌：

他的著作《时间简史》被翻译成四十多种文字，销售一千多万册；《果壳中的宇宙》曾获得安万特科学图书奖。他被誉为是继爱因斯坦之后最杰出的理论物理学家。

他就是当代世界著名科学家——霍金。

霍金没有认为疾病和残疾给他带来太多的障碍和不幸，相反，疾病和残疾有助于他静静地思考那些深奥的理论问题。人类超越痛苦的意志力在他身上得到了极度的体现。

在人生旅途上，痛苦常常会不期而至。在这种情况下只有保持平和的心态，接受并认识痛苦乃是常态的现实，坚定信念，勇敢顽强，最终才能战胜痛苦。进而，将痛苦转化为一种机遇和对自身素质的磨炼，将

与痛苦作斗争变成一种经历和财富,这样才算是超越了痛苦。来看看这样一篇散文的作者是怎样思考的:

当他"活到最狂妄的年龄时忽地残废了双腿",于是便天天来到地坛公园,在这寂静的天地中思考着关于生与死的问题,最后他终于明白:"一个人,出生了,这就不再是一个可以辩论的问题,而是上帝交给他的一个事实。"于是他接受了这个苦难,包括生命中最不能忍受的残酷和伤痛。

接下来,他又把目光从自身转向别人,看看别人是怎样的命运和活法。首先看到的是自己的母亲,他明白了自己的不幸在母亲那儿是加倍的,命运加在母亲身上的是默默地承担苦难。同时,他还看到了一个漂亮而又弱智的少女;一个有长跑天赋的朋友,一对老人……

通过这些,他进一步地加深了对命运的认识,"就命运而言,休论公道",这是一个因苦难而有差别的世界。如果你被选择去充任那苦难的角色,就去承担。

接下来的问题才是关键的:人应该怎样看待自己的苦难。在园子里,他最后明白了,"以最真实的人生境界和最深入的内心痛苦为基础,将自己的生命放在天地宇宙之间而不觉其小,反而因背景的恢宏和深邃更显生命之大"。

一个下肢没有了活动能力、几十年都坐在轮椅上的人,他就是史铁生。

在史铁生的世界里,生命的思考已完成了对苦难的超越——永恒的生命欲望超越了苦难和伤痛,到达了一种更为广阔的境界。

1978年,国外的一家机构曾对1000名下半身麻痹的残疾人和1000名正常人的"快乐指数"与"痛苦指数"进行了一次调查。调查结果却令人大吃一惊:1000名残疾者的"快乐指数"竟比正常人高出15个百分点，而"痛苦指数"却比正常人低了8个百分点。

原来，关于生理上的缺陷，关于生命和死亡，关于希望、失望和绝望，我们都可以认为会有痛苦；但同时，我们可以选择憔悴或者鲜活，可以选择留下或者走开，一切都在自己手中。智者不是没有痛苦，而是他们在战胜痛苦的过程中超越了痛苦，同时也就超越并成就了自己。就像凤凰涅槃，经历烈火的煎熬和痛苦的考验，才能获得重生，并在重生中达到升华。

那些在人类历史上留下了杰出脚印的人们，很多人都曾遭遇过不幸，经历过刻骨铭心的痛。可是经过风雨的历练后，他们对人生有了更加透彻的认识，同时，他们也变得更加成熟。没有不曾失败的人，只有不够成熟的失败者。

天无一月雨，人无一世穷

【人生箴言】

你可以一无所有，但是你不能成为精神上的穷光蛋，人生，没有困境就无法精彩，不冲破困境，找寻希望，就无法提高，要想生命之花开得更加艳丽，就必须在不可能的时候找到可能，在困境中找到希望。

鹰立如睡，虎行似病，表面有气无力的病态似真似假，但足以体现它们的气魄。但在自然界中我们可以看到，就像猎豹拱背一样，往往这样的姿势才正是它们准备出击捕食前的手段。

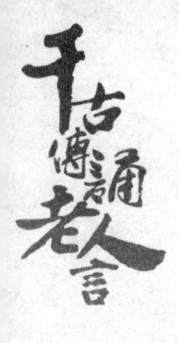

强者在成为英雄之前,并非都是一帆风顺,或已经扬眉吐气,更多的是处于困境中的窘迫。而恰恰正是这些困境,成为他们日后勃发的蓄势条件。只有能够承受困窘的磨难,才能历练出任重而道远的力量。落泊对于英雄来说只是暂时的休整,一旦走出人生的低谷,英雄本色随即还原,昔日风采便会展现。

韩信是西汉的开国功臣,是中国历史上伟大的军事家、战略家。少年的韩信性格放纵,从来不拘小节,他既不会种田做买卖,又不能去当官,于是年少的韩信整天过着游荡的生活。没有工作的韩信,常常到别人家里去蹭饭。有一个亭长和韩信的关系还不错,于是他常常到这个亭长家里去吃饭,但是时间一长,亭长的妻子就很不高兴。有一次韩信等了好长时间也不见亭长家准备饭食。原来亭长一家在韩信去之前就吃完饭了。韩信看出了他们的用意,觉得很是屈辱,转身愤然离去,并发誓再也不去亭长家了。

有时韩信为了能填饱肚子,常常到淮阴城下的河边去钓鱼吃。有一位洗衣老妇觉得韩信非常可怜,于是经常把自己的饭分给韩信,韩信非常感动,一次,韩信吃了老妇人分给他的饭,向她深深施了一礼,非常严肃地说:我将来富贵了,一定要重重地报答您老人家!没想到老妇人非常生气,她竟然斥责韩信说:"我看你相貌堂堂,好一个王孙公子,不忍你挨饿,才给你吃点饭,哪里想到要你报答!"老妇人的话给韩信留下了很深的印象。

韩信的性格是刚强的,他对人知恩必报,做事恩怨分明,而且能够坚持自己的原则,这一点可以说是一个英雄所必需的最基本素质。只有拥有这些素质的人才能够在危难的时候挺身而出,才能够在人生的低谷耐得住寂寞,修身养性,为将来的重出江湖做好各种准备。

后来天下大乱,秦朝末期的横征暴敛让百姓苦不堪言,为了反抗秦朝的暴政，陈胜、吴广起义后，项羽、刘邦相继起事。韩信凭借一腔热血和一身本领，也投入反秦的队伍当中。他先投项羽，不被重用，后归刘邦，他为刘邦拼命血战，攻下齐国后，刘邦听从张良的劝告，封韩信为齐王。韩信从此追随刘邦征战大江南北，立下了汗马功劳，后来天下平定，韩信又被改封为楚王。

韩信确实是一代英雄，他不仅胸怀大志，面对困境的态度也和常人有所不同。面对亭长夫人的奚落和冷遇，韩信并没有去争辩；面对河边老妇人的责备，他也并没有就此消沉。正因为韩信拥有非同一般的意志品质，能够坚持自己的信念和理想，最终才功有所成。

英雄落泊时的遭遇是各不相同的，有的可能是生活上的困苦，有的可能是精神上的磨难。但是这些都不能改变英雄的品质，不能影响英雄注定要走的路。

射击界的六朝元老王义夫，在奥运赛场的领奖台上上下下，可都没有改变这位"一枪定乾坤"的老将那顶天立地的英雄形象。

1984年的7月29日，王义夫和许海峰一起站在了领奖台上，共同见证中国奥运零的突破。只是那时，他是第三名。

1988年，他第二次参加奥运会，成绩一般；1992年在巴塞罗那，他用最后一枪创造了辉煌，获得了他个人在奥运会上的第一块金牌。

1996年的亚特兰大，当所有人认为王义夫将获得他的第二块金牌时，他却因病猝然倒地，被送往医院紧急输氧，最终以0.1环的差距丢掉了这块金牌，那一幕也成了中国奥运史上悲怆的一幕，英雄落寞的背影长久地留在了世人心中。

2000年，王义夫又来到了悉尼，复出后的他只获得了银牌。虽然他的包括预赛在内的大部分成绩都打得已经很好了，但很多人还是认为王义夫不获得金牌，似乎就像一个失败者。

转眼间，2004年的雅典奥运会，8月14日，王义夫又站在了射击场上，他成为中国军团唯一的六朝元老，终于以一颗历练后极其淡定之心、凭借最后一枪获得了中国代表团在雅典奥运会上的第二块金牌。

2005年3月，王义夫出任中国国家射击队总教练，同时兼任手枪队主教练。他说："我愿把我的经验传授给年轻的队员们，做一块基石，让他们登着我的肩膀迅速成长起来。"

而他的徒弟们也没有辜负这位"老枪"的希望。比如说，在2004年雅典奥运会上获得首金的杜丽。

2004年以后，杜丽从不为人知的冠军"队友"到真正的奥运会冠军，一时间被世人寄予了太多的希望。尤其是2008年在自家门口的北京奥运会，全国人民更是希望杜丽能再次勇夺首金，为国争光。

然而，2008年8月9日，杜丽在北京奥运会首日比赛中率先登场。在巨大的压力下，杜丽在决赛中最终名列第五，与奖牌无缘。

可就在5天后的8月14日，杜丽笑了，一扫首金失利的阴霾，她摘得了女子50米步枪三姿的奥运会金牌。

相隔四天，最黑暗的时间，杜丽落而再起，调整心态，重整旗鼓。除了亿万观众的支持，最重要的，是教练王义夫在背后的鼓励与支持，他总说："不以眼前论成败。"面对困境，他们的腰弯下了，但是并没有停止丝毫奋进的努力，因为他们心中时刻都装有比眼前得失更大的志向。

一时的困境可能只是英雄成就一生的一个小插曲，也许会带来些许困难和烦恼，但绝不可能成为其一生的主题曲。一时的困境不会成为永远，它只是前进路上的一次磨炼和调整。若以眼前的得失论成败，就很有可能因此而错失未来更大的成功。

没有人能够跳过困境直接走向成功,困境也不会一直阻碍我们前进。当身陷困境时,不能武断地以失败或结束而定论,只有胸有大志的人,眼光才会更加高远。真正的英雄,是弯腰而不弯志。血雨腥风后并非最终的成功,笑傲江湖方显英雄本色。

愁人苦夜长,志士惜日短

【人生箴言】

人生在世不过几十年,生命过去了一天就少了一天,碌碌无为的一生,只会让自己的生命更加空虚,失去应有的色彩。珍惜生命中的每分每秒,做有意义的事情,才能充分利用生命的能量。

"一寸光阴一寸金,寸金难买寸光阴。"时间如此宝贵;浪费自己的时间等于慢性自杀,浪费别人的时间等于谋财害命;时间怎能胡乱挥霍;时间就像海绵里的水,只要愿挤,总还是有的;时间无时无刻不在陪伴着我们。

一个追求卓越的人应该明白,只有珍惜时间才能创造自己的价值,才能在有限的生命里获得更多的知识。反之,不珍惜时间,碌碌无为地过日子,明日复明日,最后只会毁了自己的前程。

试想,一个每天碌碌无为的人,这样的人怎能体会到什么才是快乐?物质的快乐,只能给自己一时的满足,但心灵上却依旧是空虚的。人生在世不过百年寒暑,碌碌无为也是一生,轰轰烈烈也是一生。所

以，无论你的经济条件如何，你都应该反省自己那种碌碌无为的心态，这样你的人生才有价值。

大智和尚山外参学20年，归来拜见佛光禅师，述说在外的种种见闻。佛光禅师看着大智和尚侃侃而谈，脸上洋溢着笑容。

大智和尚说了很多，最后问道："师父啊，这20年来，您一个人还好吗？"

佛光禅师点点头道："很好，很好，讲学、说法、著作、写经，每天都在智海中泛游，世上没有比这种更欣悦的生活了，每天，我都忙得很快乐。"

大智和尚听了佛光禅师的话，这才放下心来："师父，您应该多一些时间休息。"

佛光禅师点了点头，指了指门外沉寂的夜色，对大智和尚说："夜深了，你去休息吧！有话我们以后慢慢说。"

清晨还在睡梦中，大智和尚就隐约听到禅房中传出阵阵诵经的木鱼声。白天，佛光禅师总是不厌其烦地对一批批来礼佛的信徒开示，讲说佛法。到了傍晚，回到禅堂，佛光禅师还有很多事情要做，不是批阅学僧心得报告，就是拟定信徒的教材。

一连几天，佛光禅师都有很多事情要忙。好不容易看到佛光禅师与信徒的谈话告一段落，大智和尚争取这一空闲时间对佛光禅师说道："师父，以前您每天也是这么忙，分别这20年来，您的年纪都这么大了，每天的生活怎么还是这么忙呢？"

佛光禅师点了点头，说："忙有什么不好呢？忙得我都没有时间老呀！"

"忙得没有时间老！"这句话就好像一股激流，冲进了大智的脑海中，卷起了一阵风浪。是啊，如果不忙，每天无所事事，无聊之下，难免自寻烦恼。原来师父的忙实际上是一种生活的大智慧啊！

大智和尚恍然大悟。从此以后，他也变得像佛光禅师那样忙碌。佛光禅师圆寂后，大智和尚继承了佛光禅师的衣钵，继续普度众生的事业。

　　有的人年纪轻轻，却心力衰退，觉得自己老了；而有的人年事已高，但心力旺盛，仍感到精神饱满。为什么会这样呢？只因心中所思所想不一样。

　　心力旺盛者，懂得把握时间，根本没有时间去老，故能精神饱满地面对人生的每一天；而心力衰退者，不能珍惜时间，终日里无所事事，不知所措，胡思乱想，烦恼丛生，又怎么可能不老呢？

　　人生何其短暂，倏忽而过，若不抓住时间，努力进取，待到光阴过尽，人之将死，遗憾相随，也不能有丝毫的快乐。所以要珍惜时间，把握生命的每一分、每一秒，不负此生。千万不要让自己在人世间白走这一遭。

　　著名文学家鲁迅就是一个惜时如命的人，他把别人喝咖啡、谈天的时间都用在工作和学习上。鲁迅还以各种形式来鞭策自己珍惜时间，刻苦学习和工作。在北京时，他的卧室兼书房里，挂着一副对联，集录我国古代伟大诗人屈原的两句诗，上联是"望崦嵫而勿迫"（看见太阳落山了还不心里焦急），下联为"恐鹈鴃之先鸣"（怕的是一年又去，报春的杜鹃又早早啼叫）。书房墙上还挂着一张鲁迅最崇敬的日本老师藤野先生的照片。鲁迅在《朝花夕拾》中写道："每当夜间疲倦，正想偷懒时，仰面在灯光中瞥见他黑瘦的面貌，似乎正要说出抑扬顿挫的话来，便使我忽又良心发现，而且增加勇气了，于是点上一枝烟，再继续写些为'正人君子'之流所深恶痛绝的文字。"鲁迅用这朝夕相处的对联和照片督促自己抓紧时间。正是因为有了这种惜时如命的精神，鲁迅在他56年的生命旅途中，广泛涉猎自然、

社会科学等许多领域，一生著译一千多万字，留给后人一份宝贵的文化遗产。

时间是世界上一种最快而又最慢，最长而又最短，最平凡而又最珍贵，最容易被忽视而又最令人珍惜的东西。任何工作都要在时间中进行，任何才智都要在时间中显示，任何生命都要在时间中诞生，任何财富都要在时间中创造。时间就是生命和财富，就是知识和力量。

千百年前，人们早已认识到了时间的珍贵，所谓"一寸光阴一寸金，寸金难买寸光阴"。其实，黄金哪里比得上时间珍贵呢？黄金可以被人当作财富，永久地保存起来；而时间却像一条川流不息的江河，默默地，不停地流逝着。正像朱自清先生所描述的那样，"洗手的时候，日子从水盆里过去；吃饭的时候，日子从饭碗里过去；默默时，便从凝然的双眼前过去"，谁也别想把它占为己有。随着一天天、一年年的流逝，时间会刺破青春的彩饰，会在美人的额上挖下深沟浅槽，什么都逃不过它那横扫的镰刀。

最聪明的人是最不愿意浪费时间的人。合理安排时间，就等于节约时间。从每天都只有24小时这点来说，时间是一个常数，它对于每个人都是公平的；但对于勤懒不同的人来说，时间要多出几倍，他使每年、每月、每天、每小时甚至每分钟都有它的特殊价值。所以，我们在有限的生命中应该充分利用时间，努力向上，这样才不枉来这人世走一遭。

智慧典藏

"黑发不知勤学早，白首方悔读书迟。"人活在时间中，一步之差，全盘皆输。时间是一个永恒的话题，"如何利用它"，这个不变的概念一直沉浮在脑中，尚未打捞。若让它在海中任凭风雨洗礼、与海浪抗争、与暗礁撞击，那终将支离破碎。

大胆天下去得,小心寸步难行

【人生箴言】

俗话说:"胆大骑龙骑虎,胆小骑猫骑兔。"要想成功,只靠稳健是不够的,必须要有背水一战的勇气和破釜沉舟的决心才行。

我们每一个人的每一天其实都面临着风险,除非永远扎根在一个点上原地不动。有人认为"还是躺在床上保险",便一辈子安于现状,可是他们也将永远不会知道是否能拥有一个更好的明天。行为学家把害怕改变、安于现状的心态称为"稳定的恐惧",意思是说,因为害怕失败,所以恐惧冒险,结果"观望"了一辈子,始终得不到自己想要的东西。

要想成功,只奉行稳健地"迈着方步"这一条原则是不行的,关键时刻,必须要有背水一战的勇气和破釜沉舟的决心。被传为佳话的"破釜沉舟"的史例就足以说明这一点:

秦国的30万人马包围了赵国的巨鹿(今河北省平乡县),赵王连夜向楚怀王求救。楚怀王派宋义为上将军、项羽为次将军,率领20万军队去援救赵国。

然而宋义本是个胆小如鼠的人,听说秦军势力强大,又反观自己兵力悬殊,走到半路就胆怯了,迟迟驻扎不肯前行。当时军中补给不够,士兵只好把蔬菜和杂豆煮熟当饭吃,而宋义却大摆宴会,酒肉

成席。同时,为了堵住项羽的嘴,下了一道指令:有谁敢违背我的旨令,定斩不赦。

项羽一身豪气,如此退缩之气怎能下咽!某天早晨,他全副武装,大步跨进宋义军帐,再次要求立即出兵救赵。宋义大发脾气地喊道:"我的军令已下,难道你要以头试令吗?"

项羽大吼一声:"我要借头发令!"说罢一剑斩下他的脑袋。

将士们听说宋义被杀,都立刻表示愿意服从项羽的指挥,并拥立项羽代理上将军一职。一朝权在手,便把令来行。项羽先派出一支部队切断了秦军运粮的通道,自己则率领主力渡过漳河,解救巨鹿。

待楚军全部渡过漳河以后,项羽让士兵们饱餐了一顿,并让每人带足三天的口粮,然后又下令砸碎全部行军做饭的锅灶。将士们都愣了,项羽说:"没有锅,我们可以轻装前进,立即挽救危在旦夕的赵国!至于吃饭,就让我们到章邯军营中取锅做饭吧!"后命令士兵把渡船全都砸沉,同时烧掉所有的行军帐篷。战士们一看没有了退路,便明白这场仗如果打不赢,就谁也活不成了。由此,士气大增,全军上下都抱着一定要夺取胜利的决心。

项羽指挥楚军很快包围了王离的军队,同秦军展开了九次激烈的战斗。渡河的楚军无不以一当十,以十当百,个个如下山猛虎,奋勇拼杀。沙场之上,烟尘蔽日,杀声震天。楚军将士越斗越猛,直杀得山摇地动,血流成河。经过多次交锋,楚军终于以少胜多,把秦军打得大败,杀死了秦将苏角,俘虏了王离,章邯也被迫带着残兵败将急忙后退。

这一仗不但解了巨鹿之围,而且奠定了项羽在军中的统帅地位。

古今中外成大事者,都是具有这种将自己置身于悬崖上的破釜沉舟的精神。从某种意义上说,这也是给了自己一个向生命高地冲锋的机会,给了自己一个成为强者的机会。

据科学家研究证明，人在处于险境时，会分泌大量肾上腺素，进而能使人在短时期内跑得更快，跳得更高，力量更强。中国古代军事家孙武曾说"置之死地而后生"，这句话被历代兵家政客或文人学者奉为行事真言。的确，在这句话的指引下，李靖横扫吐谷浑，纳尔逊大败无敌舰队，英勇的志愿军战士在上甘岭顶住了数倍于己的美军强攻。

对于英雄，我们除了惊讶于他们所创造的丰功伟绩外，还经常会为他们在建功立业时所表现的豪迈气概所震动。

凯撒大帝并非出生于帝王之家，并且因血统等关系一直受到排挤。直到当权者死去，他才得到立足和发展的机会。参加祭司长的选举是他的第一站：

在选举当天，当凯撒的母亲含泪把他送到门口时，凯撒亲吻了她并说道："母亲，今天你要么看到你的儿子成为祭司长，要么就看到他被流放。"

如果凡事因惧怕危险而畏首畏尾，则永无出人头地之日。唯有勇于冒险、敢于创造挑战，方能使事业飞黄腾达。

一个人无论是学习还是创业，都必须具备背水一战的精神和破釜沉舟的决心。这样才能凭着一鼓作气的士气和不成功便成仁的意志，在人生的路上不断进取，闯出自己的一片天地。

往往，当遇到困难时，有些人极易想到退却，而且是堂而皇之地找出些许理由来慰藉自己。在这种逃避的安稳中，眼前这条路没有走好，其他的路也不会成功。所以，不要给自己留后路。对生活的态度越积极，对人生的挑战越勇敢，就越能找到最佳的心态和定位。

人的潜力是有弹性的，只要勇于挑战，就能产生一种超乎常规的力量。背水一战、破釜沉舟，就是不断给自己加码，也就是在跟自己竞争。"没有一件事比尽力更能满足你，也只有这个时候你才会发挥出最好的能力。这会给你带来一种特殊的权利，以及一种自我超越的胜利。"

智慧典藏

为了克服最恶劣的困境,我们必须做好殊死的准备,让自己沉到谷底。逃离苦难最快的办法,就是跳入痛苦的正中间和它面对面搏斗。关键时刻背水一战,就会激发出巨大的潜能,或者反败为胜,或者更创新高。

第四章
小人记仇，君子感恩
——心怀感恩，得道才能多助

爱让这个世界不停旋转。怀着一颗感恩的心，去看待社会，看待父母，看待亲朋，你将会发现自己是多么快乐，放开你的胸怀，让霏霏细雨洗刷你心灵的污染。对于那些帮助过我们，于我们有恩的人，让我们用一颗感恩的心去报答他们吧！请记住这句话：学会感恩，就能创造一切。

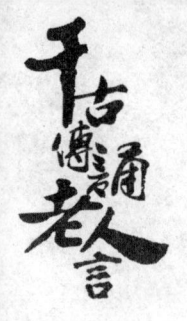

前人栽树，后人乘凉

【人生箴言】

美好生活的智慧，就是取之于人，用之于社会。建立良好的因果循环链，才能维持良好的发展局面。

生命的个体是相互依存的，世界上每一样东西的存在都依赖于其他东西。父母的养育，师长的教诲，配偶的关爱，他人的服务，大自然的慷慨赐予……你从出生那天起，便沉浸在恩惠的海洋里。你只有真正明白了这个道理，才会感恩大自然的福佑，感恩父母的养育，感恩社会的安定，感恩食之香甜，感恩衣之温暖，感恩花草鱼虫，感恩苦难逆境。就连自己的敌人，也不要忘记感恩，因为真正促使自己成功，使自己变得机智勇敢、豁达大度的，不是顺境，而是那些常常可以置自己于死地的打击、挫折和对立面。

既然生活给予了我们如此多的恩惠，那么，我们也要懂得回报于生活。将感恩当作一种习惯，那么生活也会馈赠你更多的东西。

唐朝的时候，有位龙潭禅师，少年未出家时，家里十分贫穷，依靠卖饼维持生计，甚至没有地方住宿。幸好遇到了道悟禅师，道悟禅师便把寺庙旁的小屋子借给他住。

为了表示谢意,他便每天送十个饼给道悟禅师,而每次道悟禅师总是回赠一个给龙潭,并祝福他说:"这是给你的,祝你子孙繁昌!"

龙潭对道悟禅师的行为感到很奇怪,有一次他忍不住问道悟禅师:"为什么我送大师饼,大师总要送一个给我呢?"

道悟禅师反问:"你送来的,我送给你有什么不对?"龙潭听后恍然大悟,从此出家,终成一代宗师。

大师给龙潭禅师的是祝福,也是生活的至理:取之于人,得之于社会要回馈社会;要我好你也好,我赢你也赢。

人不可只取不予,取之于人就要回报于人。如若不然,人际关系就会失去稳定,社会关系也会失去和谐,而自然关系也会失去平衡。

有些国家为了发展经济,大肆发掘自然资源,完全不顾自然环境的承受能力,只是一味地向大自然攫取利益,而没有为维护自然环境付出努力,最终的结果必定是环境恶化,人类自食其果。自然关系如此,社会关系亦然。只取不予,结果只会打破平衡的关系,使稳定与和谐的局面荡然无存。

人生存于世,就必须了解获取与给予的关系,懂得"取之于人,用之于人;取之于社会,回报于社会"的道理。

有个旅行的人在沙漠中迷失了方向,徒步走了两天,放眼望去,依然是片沙海,更要命的是,他的食物和水都已经没有了,又一天过去了,他饥渴难忍,濒临死亡。然而,天无绝人之路,在他以为自己身处绝境时,却发现了一间废弃的小屋。

这间屋子已经久无人住,风吹日晒,摇摇欲坠。在屋前,他发现了一个抽水机,于是便用力抽水,可滴水全无。他气恼至极,忽又发现旁边有一个水壶,壶口被木塞塞住,壶上有一张纸条,上面写着:

"你要先把这壶水灌到抽水机中,然后才能打水。但是,在你走之前一定要把水壶装满。"

他小心翼翼地打开水壶塞,里面果然有一壶水。这个人面临着艰难的抉择,是不是该按纸条所说的,把这壶水倒进抽水机里?

若倒进去之后抽水机不出水,岂不白白浪费了这救命之水?相反,要是把这壶水喝下去就会保住自己的生命。

一种奇妙的灵感给了他力量,他下决心照纸条上说的做,果然抽水机中涌出了泉水。他痛痛快快地喝了个够!

俗话说:"前人栽树,后人乘凉。"当前人种下树,让你乘凉的时候,你也应该想到后人有没有乘凉的地方,而不能只想着把树砍下来做家具、盖房子。当你要喝水的时候,就要想到后来人也需要喝水。竭泽而渔,绝不是好观念。可惜的是,很多人偏偏就是以竭泽而渔的方式生活。

爱,就是一个循环。当你得到了帮助,而回报于他人,这是一种感恩的行为;如果你得到帮助,而能推己及人,从而回报于社会,帮助更多的人,让爱心循环下去,则是超越感恩的行为。

感恩与尽责是爱心链条的"连接点"。只有"连接点"不间断,才能永久循环。每个人都是受恩于他人者,同时又是施恩于他人者,每个人都是爱的奉献者,同时又是爱的受益者。如果我们都来感恩与尽责,那么,每个人就都能沐浴在爱的暖流中;爱的循环,也就不会有穷期。

我们每天都在享受世界给我们的种种恩赐和礼物,而我们回报给世界的,却实在是太少了。感恩是一种情怀,是一种信念。感恩不是一句话、一个行动所能概括的。感恩是用一生的时间,用全部的身心去报答生活。

滴水之恩，当涌泉相报

【人生箴言】

一个人要想在困厄之时得到别人的帮助，除了平时待人宽厚，还应该永远记住别人给予的恩惠，并竭力相报。

俗话说"滴水之恩，当涌泉相报"，在很早很早以前，我们的祖先就把"滴水之恩，当涌泉相报"作为教育后人的标准，告诉他们的孩子，对人对事要对得起自己的良心，要有一颗感恩的心，并把这样的美德一代一代地传承下来。

当你在生活中遇到麻烦、困难或者不幸的时候，你很想能得到他人热心的帮助，这个时候如果真的有这样一个人出现，往往令我们加倍感激，并且永生难忘。

那是一个寒冷的傍晚，一个可怜的男孩站在她家门口，看起来非常疲惫，饥饿难忍。男孩是个推销员，但她看得出，他的推销并不顺利。尽管如此，她还是对男孩说："进来吧！"接着，她给男孩倒了一杯牛奶，希望能够温暖他失望的心。

很多年过去了，忙碌的生活早已让她忘了当年的"一杯牛奶"。后来，她生病住院了，她的生活并不富裕，她的病危险性很大，那一笔巨大的医疗费用更让她心灰意懒。可是，现在她不用再去考虑这些了，因为她的主治医生就是当年她帮助过的那个男孩，他现在是这家

医院里最有名的外科大夫。原来,他当年挨家挨户地上门推销商品,只是为了积攒学费,给贫困的家庭减轻负担。那一杯牛奶的温度,温暖了他的身体,也温暖了他的心,给他的生活带来了希望。

她的手术非常成功。术后,他温和地握住她的手,然后在她的手术费用单上写了一行字——收费等于一杯牛奶。

也许,一杯牛奶对于她来说是微不足道的,但是,对于一个饥寒交迫的人来说,却无异于雪中送炭,这个年轻女子的举手之劳,却换来了这个男孩一生的感激,她在给这个男孩那杯牛奶的时候,也许她万万想不到,那个男孩会给她如此昂贵的报答。

感恩是一种美德。其实,"滴水之恩,当涌泉相报。"这句话表达的不是一种现状,而是一种追求,完全做到的人并不多。即便如此,也不应该放弃这种追求,因为记住别人对自己的好,以感恩的心态对待他人,以宽阔的胸襟回报社会,是一种高尚的情操。

从前有户人家非常富有,漂亮的女主人心地善良,和蔼可亲,待人宽厚,乐善好施,是一个虔诚的人。

有一天,不知从什么地方来了个乞丐,在这家富户门外的大树下搭了个棚子,在这里安了家。那乞丐面色焦黄,身体羸弱,走起路来摇摇晃晃的,似乎随时都有死去的危险。

乞丐落魄的样子激起了女主人的善心,经常施舍些吃的给他,看到有饭吃,这个体弱多病的乞丐也就再不打算离开了。看到乞丐的身体渐渐好转,女主人干脆将他收进了府中做了一个下人。

这个乞丐在这家富户府里一住就是很多年。后来,乞丐得了重病,奄奄一息,当善良的女主人来看他的时候,乞丐对女主人说:"我承蒙收留在府上寄居多年,身受大恩无以为报,这许多年来我所能做的事,就是每晚替府上巡视,因此许多年来府上没有遭遇过小偷和盗匪的惊扰。现在我就快死了，我也没有别的财产，随身只有一件破烂的袍子，现在我把它送给您，用它来表达我对您的感激。您可千万别把它看作污秽的东西而抛弃掉，至于我死后，您找个地方随便把我埋了就行。"听了乞丐这番话，善良的女主人一阵心酸，她急忙从乞丐颤抖的手中接过那件破袍子，她发现那件破袍子特别的沉重，好像里面夹着什么东西一样。

到了晚上，女主人在油灯下拆开一看，才发现那破袍子中装了翡翠珍宝。女主人大吃一惊，连忙向人四处打听，这才知道原来很早以前那个乞丐是个强盗，他做了一笔大案之后，虽然逃过了官府的追捕，但也身受重伤，无奈之下便以讨饭为生，行至这户富家之后，感觉女主人非常宽厚，对他不薄，因此才每晚替她看家护院，并在临死时将最后那次所得到的财物送给女主人作为报答。

故事中的女主人对这个强盗有救命之恩，如果不是女主人心地善良，这个强盗恐怕早就伤重死在女主人的门口了。绿林豪杰最重恩义，女主人救了这强盗一命，他也就心甘情愿地在她家里做个下人，替她看家护院了，并且还在临终时将自己所有的一切都报答给了女主人。知恩图报的故事，永远都是传奇，流传在每一个懂得感恩的人中间。

我们应该时刻记住，感恩，是对施恩者最大的回报；一颗感恩的心，能够给施恩者带来心灵的温暖。生活中如此，工作中也是一样。在顺境的时候，我们很容易感恩，感谢那些帮助我们、给我们带来益处的人。可是，在逆境的时候，很多人就只会专注于自己的"不幸"，忘了去感恩。殊不知，有时候一个简简单单感恩的行为，哪怕只是一句话、一个动作，都可能成为命运的转折点。

我们每个人都生活在社会中，任何人都不能离开他人而孤立地生存，

任何人的成功都不是一个人努力的结果，背后都有无数人帮助我们、支持我们。一个懂得知恩图报的人，他将会得到更多人的支持和帮助，他的人生也会顺畅很多。

赠人玫瑰，手有余香

【人生箴言】

"与人方便，自己方便。"这是一件很平凡微小的事情，哪怕如同赠人一枝玫瑰般微不足道，但它带来的温馨都会在赠花人和爱花人的心底慢慢升腾、弥漫。

这个世上充满了人情冷暖。但如果我们常怀感恩之心，便会更加感激和怀想那些有恩于自己却不言回报的每一个人。正是因为他们的存在，才有了我们今天的幸福和喜悦。感恩，就像阳光一样，带给我们温暖和美丽。

有位单身女子搬了家，某日晚上突然停电了，她准备点燃蜡烛，这时忽听见有人敲门。她将门微微打开一看，门外站着隔壁家的小孩子，只见他紧张地问："阿姨，你家有蜡烛吗？"

女子听了，心想："天哪，刚来就借东西，以后岂不是没完没了了？"

想到以后可能遇到的麻烦，女子便冷冰冰地回答："没有！"

小孩听了这话，脸上不仅没有失望之情，反而笑了，还带着一脸笑意:"我就知道你家没有!妈妈怕你害怕,让我给你送蜡烛来了。"

这名女子没有想到,原来需要帮助的其实是自己。只因她失去一颗助人的心。

人生需要有助人之心,才会给你带来快乐。常言道:"助人为快乐之本。"帮助别人就是一种布施,快乐就是布施!

能帮助别人说明你的能力不凡,这自然是一件值得高兴的事情,同时,也是一件快乐的事情。若你能实实在在地帮助他人,你会发现每一件好事都会给自己带来好心情。

有位双目失明的老人出行时总是打着灯笼赶路,路人见了觉得很奇怪:"你已经双目失明,灯笼对你而言毫无用处,为什么还打灯笼呢?不怕浪费灯油吗?"

老人对路人解释:"因为在黑暗中行走,别人往往看不见我,我就很容易被撞到,而我提着灯笼走路,灯光虽然不能帮助我看清前面的路,却能让别人看见我,这样,别人就不会撞到我了。"

用灯光为别人照亮了漆黑的路,为他人带来了方便,同时,也给自己带来了安全,帮助别人就如同帮助自己一样。在前进的路途上,搬开别人脚下的绊脚石,有时恰恰是在为自己铺路。

无论人生辉煌还是落泊,无论身处高峰还是低谷,都要有助人的善心,要想着那些还处在危难困境中的人,伸出援助之手,尽力搀扶他们一把。帮助别人,有时就是帮助自己。

须知,谁都可能成为弱者,如果人世间没有关爱,谁能担保自己不会吞咽那遭遇冷漠的苦果呢?

古时有个人冒犯了贵族,被送入斗兽场,与饿极了的狮子搏斗。

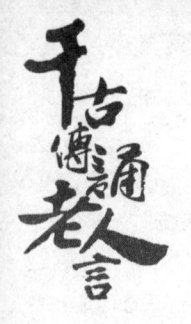

狮子刚一出牢笼，就猛地扑向这个人。眼看他就要死在凶猛野兽的攻击之下，就在这时，狮子停止了进攻，反而围着这个人打起转来。

原来这只狮子三年前在森林里曾经得到一个人的救助，而他就是狮子面前的这个犯人。因为他从斗兽场活了下来，国王赦免了他的罪行。

这个故事告诉我们，救助他人，有时就是救助自己。与其说狮子救了囚徒的命，还不如说是囚徒救自己。种下善因，收获善果。帮助别人、关爱别人，自然也能获得别人的帮助与关爱。即便我们无法帮助别人，也要常怀助人的慈善之心。

有个人赶着一匹马和一头驮着行李的驴去远行，路上驴觉得背上的东西太沉了，就希望得到马的帮助，让它分担一点。然而，马没有理会驴的请求，它不想吃亏。结果，驴半道上就累死了。

没办法，主人只好把所有的行李都架在马背上。马这才意识到，当初如果自己帮了驴就是在帮自己，害死了同伴就等于害自己——马感到自己也快要累死了。

在现实生活中，何尝不是如此。若你有能力给别人提供帮助，请不要吝啬伸出你的援手，不要认为给别人提供力所能及的帮助会使自己吃亏，等到你也需要别人帮忙时，你才会发现，其实，帮别人就等于帮自己。

正所谓："赠人玫瑰，手有余香。"在帮助别人的过程中，我们也许会得到更多，比如别人的感谢和由衷的笑脸，还有自己的好心情和对生活的深刻理解，这都是你的收获。

在生活中，每个人的内心都有获得他人帮助的渴望，当你将一份无私的关怀送到他人的面前，将会给对方带来幸福感的同时，也会让你自己体验到最大的快乐和成就感。

有句话说得好:"爱是一盏灯,照亮别人,也温暖自己。"所以,在生活中,要常怀助人之心。帮助别人,不但可以让你获得快乐,而且帮助别人,就如同帮助自己。

投之以桃,报之以李

【人生箴言】

行善是一种美德。善行既可以帮助身处困境中的人,又可以使自己的心灵得到安慰,使自己的修养得到提升。

灵魂最美的音符是善良。行善是一种美德,善行既可以帮助身处困境中的人,又可以使自己的心灵得到安慰,使自己的修养得到提升。我们要用爱来充实自己的人生,去付出,去给予,但我们也要明白付出是不求回报的,当你做善事而心存回报的企图时,你的善良已然变味,那就是伪善。然而,当你用一颗无私的心去付出时,你收获到的也将是累累的硕果。

一个天使想要去点醒一个恶人,但是恶人恶性难改,并坚信人性本恶的观点,于是,他们为了证明各自的观点来到了人群当中,感受人们的内心。

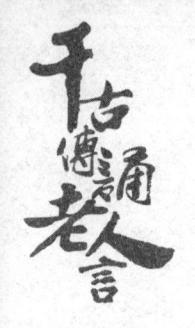

　　这是一个很平常的清晨，云淡风轻，阳光异常的好，公园的木椅上坐着一个女孩，面对这样的美景，她的眼里却充满愁苦和忧伤。

　　一个男孩吹着欢快的口哨从旁边经过，看得出，他的心情很愉快。当他看到泫然欲泣的女孩，他停下了脚步，男孩随手采了一束狗尾草，微笑着送给女孩，而后继续快乐地吹着口哨，慢慢地走远。留下女孩逐渐展开的笑颜。

　　看到这一幕，天使看着恶人说："现在该相信我说的吧，人性本善。"恶人很不服气地要去另一个地方看看，证明这只是一个意外，于是，他们来到了大街上。

　　大街上，每个人都行色匆匆，一个洒水车司机发现了一位衣衫褴褛的小男孩一直尾随其后，一条街，又一条街。

　　司机终于忍不住好奇，停车询问。原来小男孩是个孤儿，今天是他的生日，而洒水车放出的音乐，正是那首《祝你生日快乐》。

　　司机得知原委，双眼潮热，邀请小男孩坐在驾驶室。那个清晨，整个城市便飘荡着温馨的生日歌。

　　突然，天使的耳边也传来这首生日歌，她回过头，发现恶人也在跟着节奏轻轻地唱着：祝你生日快乐。天使会心地笑了。

　　只要人人都献出一点爱，世界将变成美好的人间。人性本善，人们用实际行动改变了恶人对我们的看法，也最终感化了恶人。所以，要时刻保持一颗同情心，我们不能对身处困境的人熟视无睹，那种丧失了同情心的人同时也会把自己推进冷漠的世界。我们也许都听过："付出是给自己的回报。"这当然是真的，而且比任何理由更值得付出。付出是一种能力，不但帮助了他人，还为自己创造了更多。

　　在三国鼎立之前，周瑜并不得意。他曾在军阀袁术部下为官，被袁术任命当过一个小县的县令。这个时候地方上发生了饥荒，收成不好，兵乱间又损失了不少粮食，问题日渐严峻了起来。居巢的百姓没有粮食吃，就吃树皮、草根，即使这样还是饿死了不少人，军队也因为饥饿乏力失去了战斗力。周瑜作为父母官，看到这样的情形，急得不知如何是好。

这个时候，有人献计，说附近的财主鲁肃，是个乐善好施的人，他家素来富裕，想必囤了不少粮食，不如去向他借。

于是，周瑜带上人马去拜访鲁肃，刚刚寒暄完，周瑜就直接说："不瞒老兄，小弟此次来访，是想借点粮食。"

鲁肃一看周瑜丰神俊朗，显而易见不是一个平凡的人，断定他日后必成大器，同时也被他心系百姓的行为感动，哈哈大笑说："此乃区区小事，我答应就是。"

鲁肃亲自带周瑜去看粮仓，这时鲁家存有两仓粮食，鲁肃痛快地说："也别说什么借不借的，我把其中一仓送与你好了。"周瑜及其手下见他如此大方，都愣住了，要知道，在饥荒之年，粮食就是生命啊！周瑜被鲁肃的言行深深感动了，两人当下就交上了朋友。

后来周瑜飞黄腾达了，当上了将军，他牢记鲁肃的恩德，将他推荐给孙权，鲁肃也得到了大展拳脚的机会。

虽然说付出是不需要回报的，但是，俗话说，"投之以桃，报之以李"，每个人都会有一颗感恩的心，今天我们帮助他人，给予他人方便，他可能不会马上报答我们，但他会记住我们的好，也许会在我们最需要帮助的时候解我们的燃眉之急。所以，帮助急需帮助的人，懂得雪中送炭，也许因为这样的一次善行，就可能改变自己的一生。

智慧典藏

灵魂最美的音符是善良。如果你想要用爱或其他有价值的事物充实人生，也是同样的道理。如果你想要更多的爱、乐趣、尊重、成功或任何东西，方法很简

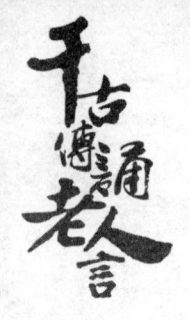

单：付出。不要担心任何事情，你所付出的一切最终都会回报给你！

你帮别人莫提起，别人帮你要牢记

【人生箴言】

"恩欲报，怨欲忘，报怨短，报恩长。"忘记别人给予你的所有不愉快，记住别人所给予你的哪怕一丁点的好处。这样，你会很快乐，别人也会很快乐。而你的朋友圈子会像滚雪球一样越滚越大。

《圣经》里说，爱是恒久忍耐，又有恩慈。因此，即使在不如意的环境中，也要努力营造一种充满欢乐与友爱的生活。那么，回想我们所恨的人的一些优点，念及他曾做过的一些好事，而对他拙劣的一面视而不见，如此怒气可能就会缓和下来，烦恼会烟消云散，心中会充满慈悲，就会用感恩的心去对待所有人。

其实，我们只需要用心地去观察古往今来的仁人志士，就会发现，他们总是习惯记住别人的好，忘记别人的坏，宽厚仁德地与这个世界达成和解。他们不仅懂得如何操纵人与人之间的复杂游戏，更懂得宽恕和感恩的深层意义！从某种意义上说，这种人不但是名副其实的成功者，更是境界甚高的智者。

阿拉伯一位著名的作家叫阿里，有一次与吉伯、马沙两位朋友一起外出旅行。三个人一同行经一处陡峭的山谷时，马沙不小心突然失足滑落。幸而吉伯拼命拉住他，才将其救上来。马沙当即很受感动,随手就在附近的大石头上刻下了这样的字:"某年某月某日,吉伯救了马沙一命。"

三个人又继续向前走了几天,一同来到一处河边,吉伯因为一件小事与马沙争吵起来,吉伯当时一气之下,就打了马沙一个耳光。马沙跑到附近的沙滩上写下这样的字:"某年某月某日,吉伯打了马沙一耳光。"

当他们旅游回来后,阿里就十分好奇地问自己的朋友马沙道:"你为什么要将吉伯救自己的事情刻在石头上,而将吉伯打自己的事情写在沙滩上面?"

马沙这样回答:"我永远都对吉伯心存感激,他救了我的性命,我要让自己永远记住。至于他打我的事情,我只想让它随着沙滩上的字迹一同消失,将它忘得一干二净。"

马沙的话值得我们深思,生活中的我们也应该牢记别人对自己的帮助,牢记生活中的感动,而忘记别人对自己的不好,忘记过去的伤痛,这样我们才能让自己时常对生活心存感动,才能让自己体味到更多的快乐和满足。

谁不愿拥有一个不为烦恼所动的快乐人生呢?所以,人生短暂,何必对过去的痛苦耿耿于怀呢?何必要自己伤害自己呢?对我们最有害的是怀恨、不满和烦恼,如果把怀恨、不满和烦恼融化,甚至可以使疾病痊愈。我们一定要对过去网开一面,宽恕所有的人;而宽恕别人,就是爱护自己,是真正、彻底地爱护自己。要知道,最有力量的是宽恕,是慈悲;最有力量的是"当下",不是过去,也不是将来。

在古代,有两个很要好的员外郎,一个姓张,一个姓周。两人关系很好,往来频繁。张员外有一个女儿,而周员外则刚好有一个儿子,理所当然地,两个人为使彼此间的关系更为亲密,就打算撮合他

们的儿女成婚。

虽然两个人是青梅竹马，但是他们的感情进展得并不顺利，经常会发生争吵。但是，两家人都是当地有头有脸的人，儿女们的这种关系也让周张两家极为伤脑筋。

没想到，他们担心的事情果真发生了。就在他们快要成亲的时候，张员外的女儿竟然被人毒害，而据官府详细调查后，杀人凶手正是周员外的儿子。为此，周员外的儿子也被关进大牢中，两家人的身心因此也受到沉重的打击。

从此以后，两家的关系就变得极为紧张，他们的生活也变得暗无天日。令张员外一家较为恼火的是，周员外的儿子在事实面前却从来不承认是自己杀害了张员外的女儿，而周员外也极力地为儿子的罪行拼命奔走，疏通关系。如此一来，两家便结下了深仇大恨，两家人也开始进行明争暗斗，每每两败俱伤。

一年以后，官府最终判决周员外的儿子为谋杀罪。周员外为了消除儿子的罪行，千方百计为张员外一家做经济补偿，不惜重金，以求得张员外能到牢狱里去为儿子说情。但是无论怎样多的补偿都无法弥补张员外的丧女之痛。

每当自己悲痛难忍之时，张员外就不停地埋怨自己当初怎么就看错了人。而周员外的全家也是天天都生活在自责之中，他们怨恨自己怎么没能教育好自己的儿子，埋怨自己不该为了自己的利益而撮合儿子的婚事。

本来是所有人眼中的美好姻缘，没想到生活却会如此地捉弄人，致使两家人的内心都得不到安生。就这样一年又一年过去了，两家人的心情总是被巨大的阴影笼罩，张员外与周员外再也没有来往过，他们也从来没有真正地笑过。然而，就在他们苦苦承受了十几年的痛苦后，最终的事实却证明，张员外女儿的死，并不涉及善恶情仇，一切都和周员外的儿子无关。

真相大白之后，张员外无比自责地对周员外说："十几年来，我们所受的心灵上的折磨是我们永远支付不起的！其实，我们那个时候都应该多想想对方的好，把仇恨忘记。"周员外也承认，他们为此所付出的心理代价是用任何金钱也换不回来的。

人生有多少个十年？生命太过短暂，十年对人心灵的折磨是用任何财富都支付不起的。如果两家都能及时地忘却仇恨，那便不会有如此多的折磨和煎熬了。其实，只要你静下心来想想，过去的仇恨没有什么大不了，过去的毕竟过去了，再纠结、再痛苦也永远无法挽回了。只有选择及时将其忘记，才能弥补你已经失去的，才会迎来如夏花般绚烂的明天。

要知道，没有谁与谁是天生的仇人，只不过因为某件事情发生了矛盾，发生了些摩擦而已，其实完全可以大度地抛弃这些不值得用生命再去支付的痛苦。否则，只会让自己痛苦一辈子，后悔一辈子，让生命永远得不到解脱。

人生没有彩排，再完美的演出中也会有缺憾。总在努力地忘记一些生命中的人和事，那些欢快的悲伤的……所有的记忆都毫不留情地删除或者封印，总不去触摸，有些事不是忘了，而是不去想。只有这样才可以让痛苦降到最低。对错怪或伤害过自己的人，我们的心灵不要被仇恨、烦恼蒙蔽，怒火中烧、烦恼怨恨，都将对自己和他人造成伤害。

人生在世，我们总会遭到别人各种各样的对待，老是念念不忘别人的坏处，最受伤害的其实是自己的心灵。只要我们摆正心态，用正确的态度来面对，一切就可以迎刃而解。

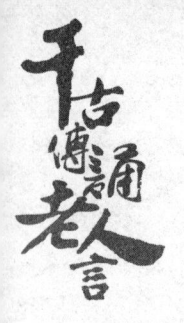

鸦有反哺之义，羊有跪乳之恩

【人生箴言】

亲情是世界上最灿烂的阳光，可是很多时候我们却忽视了，只因为他们的爱太过平凡，可他们所给予的爱却比一切来得更长久，来得更贴心。这一生，父母是我们最应该感谢的人。

俗话说："走遍天下娘好。"父母是我们生活中最值得信赖的人，是我们的精神支柱，父母总是在我们最需要帮助的时候伸出援助之手，让我们顺利渡过难关，因此，有父母的爱，我们才会有无限的力量去克服各种困难，对父母我们应该抱有一颗感恩的心。

父母为我们付出的并不是小小的"一滴水"，而是浩瀚的大海，他们的爱包围着我们，让我们免于受到任何的伤害。那么我们是否在父母劳累一天后递上过一杯暖茶，或是在他们生日时递上一张祝福的卡片，又或者在他们失落时奉上一番问候与安慰？他们将所有的心血、精力都倾注在我们的身上，而我们又何曾记得他们的生日，体会他们的劳累，察觉到那缕缕银丝，那一道道皱纹？而对于身边其他的亲人我们又是否体会到了他们的关怀，对他们抱有感恩之心呢？感恩需要我们用心去体会、去报答。珍惜父母对自己的关爱，让老去的他们也多多体会一下由我们带来的温暖。

很久以前，一位年轻人与他的母亲相依为命，他们的生活非常贫苦。由于不堪生活的重负,年轻人迷恋上了求仙拜佛。母亲见自己的儿子整天念念叨叨,不务农活,非常着急,苦口婆心地好言相劝。渐渐地,年轻人对母亲的话越来越厌烦,甚至感觉母亲是自己求仙的障碍。有时,还对自己的母亲恶语相向。

有一天,年轻人听说远方的山上有位得道的高僧,心中好生仰慕。于是,他决定前去拜访,向高僧讨教成佛之道。但他害怕母亲知道后,会加以阻拦,于是,他没有告诉母亲,便独自离开家乡,求仙拜佛去了。

一路上,年轻人跋山涉水,历尽千辛万苦,终于在一座山上找到了那位高僧。高僧被年轻人的真诚感动,热情地招待了他。听完他自己一心向佛的陈述后,高僧沉默了许久。当年轻人请教佛法时,高僧开口道:"你想得道成佛,我倒是可以给你指条路。这顿饭后,你就即刻下山回家去。遇到赤脚为你开门的人,这个人就是所谓的佛,你要悉心侍奉,并拜他为师,随后跟他悉心修炼,你成佛的时日自然不会久远。"年轻人听后,非常高兴,谢过高僧后,就上路了。

由于路途遥远,第一天晚上,年轻人投宿在一户农家,主人开门时,他仔细看了他的脚,主人并没有赤脚。于是,他断定,这并不是他所要找的佛。第二天,他投宿在城里一家富人家,主人开门时也没有赤脚。这样一来,年轻人不免有些灰心。接下来的几天,他一直没有遇到赤脚为自己开门的人。这时的年轻人彻底地失望了,他甚至开始怀疑高僧的话。

一直快到自己家时,高僧所说的赤脚为自己开门的人仍旧没有出现。太阳又要落山了,年轻人没有去投宿,而是连夜赶回了自己家。到家时已是午夜时分,疲惫不堪的他费力地叩响了门环。这时,从屋内传来年轻人母亲惊悸的声音:"谁呀?"

"妈,是我。"年轻人沮丧地回答道。

门很快就打开了,母亲将儿子拉进屋子,又忙着给他打来热水,

第四章 小人记仇,君子感恩
——心怀感恩,得道才能多助

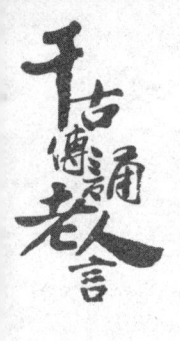

仔细地端详了好半天，流着泪说："回来就好，回来就好！"不经意间，年轻人低头，却发现母亲正赤裸着双脚站在地上，想必她早已忘了自己有没有穿鞋了。

年轻人恍然大悟，终于明白了高僧所言的"佛"！从那以后，年轻人再也没有外出求仙访道。而是留在家中，好生地侍奉自己的母亲，把她当作真正的佛。

中国自古以来就有"滴水之恩，当涌泉相报""知恩不报非君子"的古训。在生活中，我们不仅应该发自内心地孝敬父母，尊敬师长，而且对于那些曾经帮助过自己的人，也应该发自内心地感激。感恩是每个人都应该有的基本道德准则，是做人最起码的修养，不会感恩或者不愿意感恩的人，是不懂得感情的可贵的，这样的人走到哪里都不会受到欢迎。

百善孝为先，生命是一条绵延不断的长河，母亲给了我们生命，这是人世间莫大的功德，母爱更是世间最伟大的爱。

我们的生命得自于父母，父母的恩德一生一世也还不清。

她从小生活在单亲家庭，5岁时父母离异，她跟着母亲过。

母亲视她为生命，中学的时候，离家住校，每天都要给她打几个电话。

"下雨了，带把伞。"下雨的时候母亲来电话嘱咐。

"天冷了，加件衣服。"天气突变的时候母亲来电话嘱咐。

"多吃点饭，别光想减肥。"快要吃饭的时候母亲来电话嘱咐。

她不胜其烦，每一次接电话，都会嚷嚷："妈，我又不是3岁的孩子，我懂得自己照顾自己。"

忽然有一天，母亲的电话没有准时打来，她的心慌了，打家里电话，无人接听，她手足无措。后来，阿姨打电话来告诉她，母亲病了,在医院。

母亲患的是绝症,最终离开了她。

有一天下雨时,忘带雨伞的她走在雨中,当冰凉的雨打在她脸上的时候,她一下子想起了母亲,她的眼泪流了下来。那一刻她终于明白,世上最爱她的人已经去了,然而在母亲活着的时候,她却不曾珍惜。

父母总是把他们的爱化在琐碎的唠叨里,他们的爱最是平凡,我们也最容易忽视,就像文中的女孩一样,一直不曾珍惜母亲的爱,直到失去了才后悔莫及。现实生活中,我们很多人都是如此,总是信心满满地以为真情会像太阳一样,每天都会升起,却不知道,有的人有的事,只是在一个回头的瞬间就会与我们失之交臂。

世间万物,皆有因果。任何生灵之间仿佛都有着早已注定了的缘分,何时相遇,何时离别,何时重逢,冥冥之中早有安排,我们无法左右。当缘分来临的时候,我们要感谢上天的赐予,我们也要学会珍惜,因为如同阳光一般平凡而宝贵的情感,一旦失去,也许再也不会回来了。

我们的人生旅程中,能有一个人关心、牵挂、喜欢、欣赏自己,就是幸运的,也是快乐的。它让我们知道,我们并不孤单。这份情会让我们在以后的日子有了更多的幸福和自信,它会变成一盆火,帮我们抵挡人生最漫长的寒冬。所以,我们一定要加倍珍惜在乎你的人,珍惜身边的每一份真情。

当我们在寻找自己前途的时候往往却忘记了,父母才是我们最应该感激、最应该报答的人。珍惜你的拥有,怀着一颗感恩的心生活,就能发现你身边的亲人是你最弥足珍贵的礼物。

良药苦口利于病，忠言逆耳利于行

【人生箴言】

批评你的人是你今天的敌人，明天的朋友；吹捧你的人是你今天的朋友，明天的敌人。

古语说："良药苦口利于病，忠言逆耳利于行。"尽管批评往往是刺耳的、不易于接受的，但它有利于你的成长和进步。所以说，批评你的人才是你生命中的贵人，只因他能指引你的人生方向。批评你是因为你还有可批评的地方，说明你还有成长的空间。如果你已经到了"朽木不可雕"的地步，根本没有进步的可能，那别人又何必多费唇舌、浪费口水批评你呢？由此可见，在人生道路上，对我们提出批评的人才是最爱我们的人。

有个年轻人在一座寺院里修行，他非常虔诚，天天都在禅房里认真思索、打坐念经。

一天，年轻人突然感觉脑袋昏昏沉沉的，于是他决定到外面去散步、透透气。不经意间，他走到寺院后面的一个莲花池旁边，池子里的莲花正值盛开之际，异常美丽。

年轻人心里顿时冒出一个想法：如果我摘一朵这么漂亮的莲花，放在身边，闻着莲花的芬芳，精神肯定会好很多！

于是，他弯下腰去摘了一朵。正当他要离开之际，忽然一个低沉的声音响起:"你竟敢偷摘寺院的莲花!"

年轻人吓了一跳,连忙回头去看,只见寺院的方丈朝他走了过来。方丈边走边说:"亏你还是个修行人,竟敢偷摘寺院的莲花,你可知错?"

年轻人顿时感到深深地惭愧,急忙对着方丈顶礼膜拜:"大师,我知道错了,以后一定痛改前非,绝不会再起贪念,拿任何不属于自己的东西。"

正当年轻人惭愧忏悔之际,有一个人突然跑到莲花池旁边,高兴地说:"这莲花开得多好啊!要是采下来拿到山下去卖钱,就能把昨天赌输的钱赢回来了!"说着,那人就跳进池里,采来采去,不一会儿就把整池的莲花几乎摘光了。

年轻人满心期待着方丈去制止并且惩罚那个摘莲花的人,但等了半天,方丈竟然一句制止的话都没说。

于是,年轻人很不服气地问道:"大师,我刚才只不过摘了一朵莲花,您就把我严厉地斥责了一顿,可是那个人采走了那么多的莲花,您怎么一句话也不说呢?"

方丈笑着说:"你本是修行之人,就像一匹纯白的布,只要有一点污点就能看到,所以我才提醒你,去除污浊,回复纯净。可刚才那个人本来就是一个恶棍,就像一块抹布,有多少污点都看不出来,即使我费尽唇舌也帮不了他,只好任他去承受恶业,因此才保持沉默。所以,你不应该抱怨,有人愿意纠正你身上的缺点,这表明你这块布还很洁白,值得清洗,这是值得庆幸的事啊!"

人们对事物的认识,常常呈现非理性的特征——"跟着感觉走",感觉舒适便喜欢,感觉难受便讨厌。对赞美的话,无论真假,有用无用,感觉好,便欢喜接受;对批评、指责的话,哪怕说在理上,听了有益,感觉不好,便排斥、厌恶。说话时,一定要考虑对方的心情,你说

话的目的,不是为了让人闹心,还是少说负面语言为妙。

其实,人生在世,能让我们记住的,往往是那些真正批评过我们的人。因为他们才是真心实意地对我们好,真心想帮助我们进步的人。所以,我们应该感谢那些批评我们的人,他让我们学会了不断修正自己,不断完善和充实自己,他们的"无情"批评指明了我们前进的方向,从而使我们成长得更快。

林嵩现在是某上市公司的老总,也算是一个成功的人,但是当年的他却非出类拔萃,学习成绩甚至可以用"糟糕"二字来形容。因此,常常受到老师的批评。

高一的一次期中考试,林嵩考了全班倒数第一,英语更是惨不忍睹。那节英语课,老师在班里念分数,念到林嵩的名字时,他提高了声音,更夸张地笑道:"我教了这么多年英语,还没见过这样的低分——19分!这是正常人能考出来的分数吗?都不知道平常是怎么学的。"

老师的批评,引得全班同学大笑了起来,同学们都向林嵩投去了讽刺的目光。那时,林嵩已经18岁,是自尊心正盛的时候,他第一次感受到了被羞辱的滋味,那感觉像利剑,刺痛了他的心,他的脸涨得通红,紧握着双拳,心里愤怒到了极点。不过,林嵩还是控制住了情绪,他只是微微一笑。结果,同学们也就不再注意他了。

晚上回到家里,林嵩流下了眼泪,并且一夜没有睡着。拂晓时分,林嵩对自己说:我一定要考个重点大学给你们看看!从那以后,他开始发了疯似的学习。

虽然,同学依旧看不起自己,老师常常批评自己,但是,林嵩始终没有忘记自己的目标。终于经过一番拼搏,他的成绩慢慢赶了上来。经过三年的刻苦努力,高考录取结果揭晓,他竟然考上了一所本省的重点大学,而他的英语成绩是全班第一!

当林嵩走出大学校门后，一个人来到了沿海的一个城市。又经过几年，他创立了一家房地产公司。后来有一次，一个朋友问他："你还恨当年批评过你的老师吗？"

林嵩摆了摆手，说："当然不恨了。其实，很长时间以来，他的批评都是我前进的动力。还有那个微笑，它让我第一次懂得什么叫作控制情绪！"

常言道："揭人不揭短，打人不打脸。"人要面子，树要皮，所以人们对于伤面子的事情向来都是深恶痛绝的。所以，在生活中，大多数人都比较反感别人对自己的批评，因为很多人觉得，被人批评是一件很丢面子的事情。但是，从林嵩的成长经历我们可以看出，在人生的道路上，有人给予我们批评并不是什么坏事。批评通常会成为我们前进的动力，让我们努力向前。

所以，你不要觉得批评的话不好听，更不要以为批评让自己没面子，你要想到，其实批评自己的人是在帮助自己改正缺点。能够开口批评你的人，其实是你的贵人。你要知道，有些人明哲保身，圆滑世故，自然不会批评他人；有的人表面一团和气，私下却说三道四，更不会当面批评人；还有的人自身不正，未等批评别人，自己先矮三分，当然不会自讨没趣批评你。

有一句话说得好："批评你的人是你今天的敌人，明天的朋友；吹捧你的人是你今天的朋友，明天的敌人。"因此，不要拒绝和抱怨别人的批评，相反，我们还应该对那些给予我们批评的人表示由衷的感谢！

智慧典藏

感谢批评你的人，严厉的批评更令你刻骨铭心，痛不欲生；如果你懂得调整心态，你会发现批评所带来的善意，因为竞争每时每刻每处都存在着，不能内省激发向上的力量，才是人生最大的悲哀。

人在福中不知福,船在水中不知流

【人生箴言】

感恩才能惜福。感恩是一粒爱的种子,他可以在别人的心中萌芽。用感恩的心态对待生活,你也会得到生活回报你的满园馨香。

生命中有太多东西值得我们感谢,感谢父母给予生命,感谢老师给我们教导,感谢朋友给我们温暖,感谢爱人给我们包容的爱,感谢朝阳给我们希望,感谢黄昏给我们美的享受,感谢每一次花开,感谢每一场甘露,感谢在生命的旅途中有你相伴,感谢我能够存活于这美好的人间,感谢那些对自己吐真言的人,甚至感谢每一次磨难,因为,它使我们更加地坚强。只有我们懂得感恩,才会发现这个世界的好,只有懂得感恩,才不会错过每一道风景。

偏僻的小村庄里住着一对清贫的老夫妇,为了给家中换点更有用的东西,他们把家里唯一值点钱的那匹马拉到集市上去了。

老头先用这匹马和别人换了一头母牛,接着又用母牛换了一只山羊,再用山羊换了一只大鹅,又把鹅换成了母鸡,最后用母鸡换了别人的一大袋烂苹果。每一次与他人交换东西时,老头总想着能给老伴一个惊喜。

老头扛着一大袋子烂苹果踏上了回家的路,途中他觉得累了,便到一家小酒店休息。这时候,他碰见了两个外国人,闲聊中老头把自己赶集的经过详细地说了一遍。两个外国人听后，哈哈大笑，说："老头，等你回家肯定会挨老婆的一顿打。"老头坚称绝对不会，外国人不相信，他们用一袋金币打赌。随后，两个外国人跟着老头一起回了家。

老太婆看到老头回来后非常开心，她饶有兴致地听老头讲述赶集的经过。每听老头讲到自己用一样东西换了另一样东西的时候，她都没有丝毫抱怨，而是充满了钦佩。她不时地说着："真好，我们有牛奶喝了！""羊奶也挺好。""鹅毛多漂亮呀！""我们可以每天吃鸡蛋了！"最后，她得知老头用母鸡换了一袋开始腐烂的苹果时，也没有恼火，而是开心地说："今天晚上我们就能吃苹果馅饼了！"

故事里的老太婆不知道会让我们当中的多少人汗颜，大多数人在遇见这样的事的时候，会选择抱怨，会骂自己的丈夫是多么地没用，可是，这个老人没有，她乐观地面对人生的变化，宽容地对待自己的丈夫，即使最后只剩一袋烂苹果，她也把它做成了苹果馅，他们的生活依然快乐。

在这个世界上许多事都是我们无法预料的，是啊，我们不能控制命运，却可以掌握自己；我们无法预知未来，却可以把握现在；我们不知道自己的生命到底有多长，却可以安排当下的生活；我们左右不了变化无常的天气，却可以调整自己的心情。只要努力活着，就有希望，只要给自己一点希望，我们的人生就一定不会失色。对生活常怀有一颗感恩之心的人，即使遇上再大的灾难，也能熬过去的，即使再平凡的人，也有他平凡的幸福。

他来自农村，带着妻子孩子来北京讨生活。

他每天在建筑工地上工作，夏天暴晒在烈日下，汗流浃背；冬天在大雪纷飞中忍受严寒。所有的苦他都吃过，但是，为了生活他不得

不继续忍受下去。

有一天,他又拖着疲惫的身子回到家中,看到爱人一如既往地在厨房中忙乎着为他做饭、烧水;几个孩子在屋中快乐地嬉戏,一见到他回家,便都兴奋地扑了上去……这时候,他发觉自己简陋的小屋中竟然充满了别样的温馨。

他慢慢地走进厨房,充满爱意地将妻子抱起来,转上一圈。妻子的体重并不比50公斤重的石头轻多少,但是,他的内心却洋溢着幸福的味道。

就这样一个小小的动作,就将他一天的疲惫赶走,再也感觉不到任何劳累了。他不再抱怨生活的不公,因为他有一个勤俭持家的妻子,几个活泼可爱的孩子,上天其实并没有亏待他,他有别样的幸福。

故事中的他没有名车豪宅,每天在建筑工地上风吹日晒的他因为感恩,而不再抱怨,从而感受到了幸福其实就这么简单。感恩不纯粹是一种心理安慰,也不是对现实的逃避,更不是阿Q的"精神胜利法"。

感恩,是一种歌唱生活的方式,它来自对生活的爱与希望。感恩之情是滋润生命的营养素,它使我们的生活充满芳香和阳光。一个不懂得感恩的人,即使家财万贯,仍是个贫穷的人;懂得感恩的人,才是天下最幸福的人。

智慧典藏

一个人只有心存感恩,才能看到苦难和折磨背后所隐藏的机遇与感动,才能珍视挫折、磨难,才能将之转化为前进的动力,才能使自己在坚强之中收获成功的果实,才能时时触摸幸福。

第五章
天不生无用之人，地不长无名之草
——激发潜能，从平凡到卓越

宋人张载说："为天地立心，为生民立命，为往圣继绝学，为万世开太平。"这句话充分体现了一个人应该追求的价值。的确，冬去春来，花草尚且能为世界呈现一片好颜色，鸟虫也能贡献几句动听的歌。人活于世，如果没有任何追求，做一些有意义的事，那他即使活过百岁，也像一天也没有活过。"雁过留声，人过留名。"激发自己的潜能，做一个有追求的人，为自己的人生也留下浓墨重彩的一笔吧！

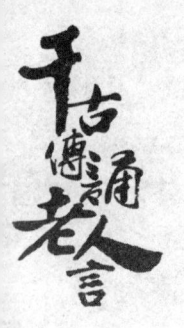

三百六十行,行行出状元

【人生箴言】

生活中,只会盲从他人,不懂得另辟蹊径者,将很难赢取成功和荣耀。条条大路通罗马,成功没有标准,找对自己的位置,就是成功的人生。

一位心理学博士就曾经感慨:"我从事心理学研究十几年,一个最真切的感受就是做人要有清晰的定位感。"成功的人总是要给自己合适地定位。那么什么是定位呢?定位就是对人或事归于适当的位置并作出的某种评价。

一个人在社会生活中,总要处于一定的社会位置。社会对处于不同位置的人有不同的要求。当这个社会个体按照社会对他的要求履行其义务、行使其权利时,他就扮演了一定的社会角色。在这个过程中,人往往是被动的,难免会出现这样那样的不平衡,人人都羡慕那些成功的人,却很少有人记得他们背后浸透了多少奋斗的汗水。

唐代文学家柳宗元曾经说他认识一个最糟糕的木工,可以这样说,他不但凿、锯、刨、雕的技艺平平,就连自己家里的木床坏了也不会修理,但是木工却声称自己能够建造房子,最开始,柳宗元是无论如何也不相信的。

后来，柳宗元在另一个工地，看到了那位仁兄，只见他发号施令，有条不紊，工匠们在他的指挥下，井然有序地工作着。至此，柳宗元才相信他说的话，他确实是可以建造房子的，因为他虽然并不是一位好的木工，但是他却是一位出色的领导者。

"垃圾，是放错了位置的宝贝。"这句话说得还是有一定合理性的。从某种意义上来说，我们的生命就像是行星一样，放在什么样的位置，就能在什么样的位置发光。找到一个适合自己的位置，比去寻找如何才能成功更具有实际意义。

有一句格言说得非常好："许多时候认识别人容易，认识自己难。"有的人明明水上功夫好，但想陆上草莽逗英豪；有的人明明是做大刀的料，却朝思暮想成为子弹。这样的追求不能说是不合理的，但是离成功的距离就远了一些。"人贵有自知之明"，是告诉我们要合理定位自己，不必有过高的心态，使自己陷入自卑的泥潭；"一叶障目，不见泰山"，是告诉我们不要满足于自己狭小的目标和空间。这些警句都从多方面说明了给自己合理定位的重要性，只有及时正确地调整自己的定位，才会在生活中不断体会到成功和自信。

有一个大学生，在校时成绩很好，大家对他的期望值也很高，认为他必将有一番了不起的成就。最后他真的有了成就，但不是在政府机关或大公司里有成就，他是卖蚵仔面线卖出了成就。

原来他是在大学毕业后不久，得知家乡附近的夜市有一个摊子要转让，他那时还没找到工作，就向家人借钱，把它顶了下来。因为他对烹饪很有兴趣，便自己当老板，卖起蚵仔面线来。很多人都不理解他的行为，认为一个大学生，当代的天之骄子出来摆摊卖面线是很丢人的事，但他不在乎别人的眼光，坚持做自己的生意，他也从未对自

己学非所用及高学低用而怀疑过自己的决定。

他的大学生身份虽然招致很多人不以为然的眼光，但却也为他招徕不少生意，他的生意越做越大，他因此掘到了自己人生当中的第一桶金。

这个大学生的经历就很好地为我们诠释了条条大路通罗马的道理，成功的道路有很多，我们可以用勇气开辟光明大道，也可以用巧计另辟蹊径，只要你实现了自己的目标，你就体现了自己的人生价值。

现实生活中，父母因为望子成龙、望女成凤心切，不根据孩子的兴趣，违背孩子意愿地对其进行培养，按照自己的理想规划孩子的人生，殊不知，这样可能会压抑孩子的学习兴趣，以至对学习失去兴趣，因为，只有合适地定位，才有助于理想的实现，否则埋没的将是一个天才，这并不是骇人听闻。

给自己合适地定位，就是要根据自己的兴趣、爱好和潜质来定位自己的未来，过高或过低都会影响能力的发挥。不能将自己定位过高于本身实际所处的位置，对本属于自己的位置不屑一顾，只会换来不断地碰壁。尤其自己处于低谷的时候，更应该正确认识自己，然后才能一步一个脚印地往上攀登。

所以，我们一定要了解自己的优势和弱势，明白自己的追求和愿望。只有这样，才能找到适合自己的位置。给自己合理的定位，少走些弯路，我们也将早日摆脱庸碌的压力，回归轻松自信的生活状态，相信你的人生也会更加精彩。

智慧典藏

人生的道路有千万条，条条大路都能通罗马，每条路都是我们的选择之一。所以一旦这条路行不通，不要犹豫，立即换一条路。三百六十行，行行出状元，在一条道路上走不通的时候，千万不要勉强自己，否则只会越来越糟，耽误时间不说，还误了美好的前程。

月缺不改光，剑折不改刚

【人生箴言】

上帝从未创造过一个标准的人，我们都如同上帝咬了一口的苹果，都是有缺陷的。有些人缺陷大些，只是因为上帝特别喜欢他的芬芳。

在生活中，你是否会因为自己比别人矮而自卑？你是否为自己缺乏健美的身材而气愤不已？你还在因为自己某方面的缺憾而自怨自艾吗？……如果是的话，马上改变你的想法。因为每个人都是不尽完美的，有缺陷没什么可怕的，可怕的是我们消极的观念。只有乐观地面对，才能将缺憾变成我们奋斗的动力，才能收获快乐的阳光。

美国第26任总统西奥多·罗斯福8岁的时候，有着一副非常"抱歉"的面孔，一副暴露在外、参差不齐的牙齿，那种畏首畏尾的神态，不管是谁看见了都觉得好笑甚至是嘲笑。当他在教室里被老师唤起来背书时，更显得局促不安，他的呼吸急促得好像快要断气了，两腿站在那里直发抖，牙齿也颤动得像要脱落下来一样。他背出的句子含糊不清，几乎没人听得懂，背完后，便颓然坐下，就像是疲惫不堪的战士，突然获得了休息。

也许你以为他一定会性格内向、文静怕动、神经过敏、不喜交际、常常自怨自艾，但是你完全错了，他没有因有了种种缺陷而气

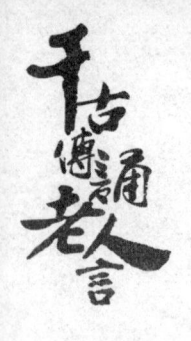

馁,反而因为有了这些缺陷而加紧了他的奋斗,这种奋斗并不是谁都能做到的。他经过长期的坚持和学习,才把那常常被人鄙视的气喘改成一种沙声,把齿唇的颤动和内心的畏缩改成卓越的口才和自信的行动。

缺陷造就了罗斯福一生的奋斗精神,这无疑是他经营一生伟业最可贵的资本。他绝不把自己看作一个懦弱无能的人,当他看见别的孩子在操场上嬉笑、跳跃、东奔西跑、做着种种激烈的运动时,他也踊跃参加,从不退让。他和大家一样骑马、赛球、游泳、竞走,而且常常名列前茅,成为业余的运动家。他常常以那些坚定勇敢的孩子们为榜样,自己也常常体验冒险的精神,勇敢地对付种种恶劣的环境。当他和别人在一起时,他总是用亲切和善的态度去对待任何同伴,主动与他们接近。这样一来,他即使有着内向的自怜心理,也被自己的行动克服了。他深知上帝从来没有创造一个标准的人,只要自己心境舒坦快乐,一切都将顺利得好像预先安排好的一般。

在他升入大学前,就经常自我鞭策,用有节律的运动和生活,恢复了他的健康。他使自己一改以前的懦弱,变成精力超众、强健愉快的人。他常常乘假期之暇,到亚历山大去追逐牛群、到洛杉矶去捕熊、到非洲去捉狮子,他那种勇敢强壮的姿态,谁还会想到他就是曾在学校里受窘的那个小学生呢?

罗斯福因为有缺憾,才有了奋斗的动力,才有了坚韧的毅力,这一切,又给他带来了人生的转机,缺憾成就了他一生的功名。事情往往如此,越是有缺陷的地方,却容易迸发勃勃的生机。

"月缺不改光,剑折不改刚。"面对生理上的缺陷,罗斯福并没有陷入悲伤之中,而是将之转化为生命前进的动力,最终收获了成功和快乐的阳光。所以,我们不要因为身上的缺陷而自暴自弃、悲观厌世,因为除了你自己,没有人会刻意注意你的缺陷,只要让心中充满自信,一样能够获得精神上的自由与快乐。

世界上没有完美的人，每个人都有不足之处，关键是要懂得展示自己的优美，接纳自己，扔掉自卑，学会用自信的微笑来面对一切。现实生活中的你也是一样，当你鼓起足够的勇气，接纳自己，欣赏自己，将所有的自卑全都抛到九霄云外，你会发现，原来前面的路上依旧洒满了金色的阳光，依旧有一片柔软翠绿的芳草地等待你去漫步和徜徉。

其实，当我们把目光从自卑的人身上转到那些自信的人身上时，便会有新的发现：上帝并不是对他们宠爱有加，他们身上也同样存在着种种缺陷。所以，有些时候并不是自己不行，而是自己看轻了自己。当生活的道路上出现了"不幸"这只拦路虎的时候，千万不要就此停下前进的脚步，如果这样，你就真的中了它的圈套，最终被它吃掉。

19世纪的美国，有一个相貌极丑的人，每个见过他的人，都会对他的容貌留下深刻印象。而他自己从来都是不修边幅，到死都不在乎衣着。窄窄的黑裤子，伞套似的上衣，加上高顶窄边的大礼帽，仿佛要故意衬托出他那瘦长条似的个子，走路姿势难看，双手晃来荡去。他不但出身贫贱，而且身世蒙羞，母亲是私生子，他一生都对这些缺点非常敏感。

这个丑陋的人出生在美国的一个小地方，然而，他却拥有很高的地位。不过即使那样，他依旧是老样子，仍然不穿外衣就去开门，不戴手套去歌剧院，总是讲不得体的笑话，往往在公众场合忽然忧郁起来，不言不语。

当时的他几乎一身都是毛病，无论在法院、讲坛、国会、农庄，甚至他自己家里，他处处都显得不得其所。每个与他打过交道的人，都非常不喜欢他。甚至，在他20岁以前，他连地球是圆的这种基本知识都不知道。后来，他想多学点文化，于是就在烛光、灯光和火光前读书，读得眼球在眼眶里越陷越深。知识无涯，而自己所知有限，因此，他总是感觉很沮丧。

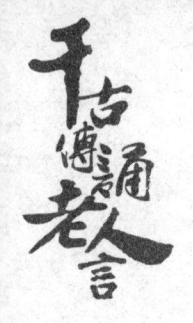

后来,这个人参加了竞选议员,而在他的教育项下填的竟是:"有缺点。"

可以说,在这个世界上,几乎没有人再能比他的身份更低,然而,也没有人能比他获得的成绩更大。当他50多岁时,他成了美国总统,他就是著名的亚伯拉罕·林肯。

世界上几乎所有人都知道林肯,非常敬佩这样一个在美国历史上留下浓墨重彩一笔的总统。然而,又有几个人知道,林肯的身上有这么多缺点。所以,一个人有缺点并不可怕,只要他肯正视这些,努力去弥补。试想,如果林肯不能坦然接受自己的缺点,那么也许他早已选择自杀,活着如一个流浪汉一般浑浑噩噩度过一生。

也许与别人相比,自己的容貌不佳;与别人相比,自己的文化程度有限;与别人相比,自己并非多才多艺;与别人相比,自己的反应很慢……

也许在你看来,自己的一切都和别人不能比,自己就像只丑小鸭,永远只能站在人群的后面,绝没有出人头地的机会。正是因为身上的种种缺点,所以,你的内心很自卑,你的内心很混乱。你丧失了进取的信心,更加将自己封闭,永远活在小世界里。在你的眼中,选择这样的活法是必然的。可是,你不知道的是,这世界上,恰恰有看上去一无是处的人,却往往能成就一番丰功伟业。

其实,妨碍自己前进的,并非那些缺点,而是你自己的内心。如果你能坦诚地接受自己的那些先天不足,那么,你也可以像一般成功快乐的人那样,好好地发挥自卑感原有的作用,利用它,不懈努力,获得更多彩更丰富的生活。

一个人最可怕的不是缺点,而是不敢接纳缺点的心。要明白,没有人能够十

全十美，接受自己的优点，也接受自己的缺点，这样才能保持心态上的平衡。所以，学着坦诚接受自己的缺点吧，这样，你才能从沮丧中走出，赢得原本就属于你的快乐心情和物质财富。

木尺虽短，能量千丈

【人生箴言】

先天的不足，犹如手中拿到的一副坏牌，这是不可变更的事实。但是，究竟如何来玩这把牌，主动权却在你手里。与其抱怨，不如改变自己的思维和行事方法，尽全力得到最好的结果。

人之所以总不敢尝试，是因为自卑心理在作祟。自卑是一种压抑，一种自我内心潜能的人为压抑，更是一种恐惧，一种损害自尊和荣誉的恐惧。所以，我们看轻自己的时候，要为自己这种懦弱的心态感到羞耻，这样才能激发心里的欲望，从而走向成功。我们要相信，我们只有比别人更相信并且珍爱自己，我们才能发挥自己最大的潜能，创造出属于自己的天地。

安妮今年只有8岁，非常热爱表演。每次，她都会在亲朋好友的面前表演节目，并迎来大家一致的掌声。后来有一天，学校里要排演一个大型的话剧《圣诞前夜》。安妮感觉到，属于自己的机会就要来了。

在爸爸妈妈的鼓励下，安妮走进了面试的地点。她原本以为，自

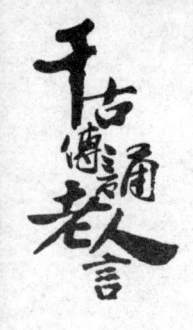

己会成为主角,然而令她没想到的是,自己却只是扮演一只小狗。

回到家,安妮无比失望,连晚饭也没有吃。妈妈看到她的这个样子,心里也很难受,于是进屋和她聊天。当知道了安妮的困境以后妈妈说:"安妮,你得到了一个角色,不是吗?"

不过,安妮还没有从失落的情绪中走出:"妈妈,你别安慰我了,我知道,自己没能力,就只好演只狗,只好汪汪叫!"

妈妈看着她,严肃地说:"安妮,你为什么会有这种想法?其实,你不要看不起这个角色,你完全可以用主角的心态去演戏。你只有投入进去,才能够演好,即使角色只是一只狗,你也可以成为主角。只要拥有主角的心态,你就是主角。"

安妮听了妈妈的话,一个人对着镜子喃喃自语:"对啊,我为什么这么看不起自己呢?其实我需要的是一个上台的机会,而不是一定要当主角!安妮,哦不,那只小狗狗,我不该看不起你的,毕竟你就是我。"

从这以后,安妮再没抱怨过什么,全身心地投入排练之中。

很快,圣诞节到来了,爸爸妈妈倾巢出动,来到礼堂看她的演出。尽管安妮不是主角,可是她用心的表演赢得了所有人的掌声。甚至,她的精彩已经盖过了主角,所有人都被她那精彩的演技折服了。

那个夜晚,几乎所有的人都记住了这个努力的小女孩,将最热烈的掌声送给了她。安妮激动得热泪盈眶,打出了胜利的手势。

生活中,其实我们与安妮一样,并非缺乏能力,而是缺乏对自己的自信。但是,如果你像安妮那样努力,带着主角的心情去演戏,把自己当成主角,那么你就会发现——其实自己正是那个羡慕已久的主角。

也许有的人会说,我努力了,可是并没有特别优秀。的确,每个人的能力有限,不可能总是站在荣誉的最顶端,没有被大家当成"主角"。但是,这不等于我们就可以破罐子破摔,让自己的处境更加艰难。要知道,如果你自己都看不起自己,那么你连机会都不可能拥有。

没有尝试，那么又何谈成功？那份孤独的悲伤，何尝不是自己的选择？

　　汉斯出生于一个贫困家庭。他天生迟钝，学无所成。为此，他的母亲一筹莫展，望子成龙的热情也日益锐减。十几岁的时候，汉斯就被迫辍学，面对母亲疲惫的脸，他除了懊恼沮丧，就是把家收拾得一尘不染，做些点心以博得母亲舒心的笑。

　　在家无所事事的汉斯，闲来无事的时候就喜欢摆弄几个苹果，做成可口的甜点；这不但没有博得母亲的称赞，反而使母亲对他的前途更加忧心如焚，继而对他放任不管，认为他是一个可有可无的人。

　　一个偶然的机会，汉斯去了一家非常豪华的大酒店做小伙计。他相貌普通，又无特长，谁都可以对他指手画脚。后来他去了餐饮部当了一名打下手的小厨师，帮助一位甜点大厨师洗水果、配调料。当时他会做的唯一一道甜点，就是把两只苹果的果肉放进一只苹果中，那只苹果就显得很丰满，而外表上一点儿也看不出是两个苹果拼起来的，果核也都巧妙地去掉了，吃起来特别香甜。

　　一次，这道特别的甜点被一位长期包住酒店的贵妇人发现了。她品尝后，十分欣赏，并特意见了汉斯。这个一直不被重视的憨小伙激动地表示他将再接再厉以不辜负贵妇人的赏识。

　　贵妇人虽然长期包下了一套最昂贵的套房，可是一年中也只有加起来不到一个月的时间在此度过，但是她每次来这里，都会指名点那道汉斯做的甜点。

　　那几年，因为经济萧条，酒店里每年都裁去一定比例的员工。然而毫不起眼的汉斯却年年安然无事，原因就在于那位贵妇人是酒店最重要的客人，而他，可爱的汉斯是酒店里不可或缺的人。

　　酒店举行豪华庆典的那天，每个大厨师都做了一道自己的拿手菜。轮到汉斯的时候，他仍然精心地做了那唯一一道甜点，对着家属席中的母亲，泪盈于睫，喃喃地说："我是一个很普通很普通的人，我

曾想给母亲带来一点点不同，可我没有做到。我希望今天，当我在这个平凡的岗位上为自己争得一席之地时，母亲能尝尝我10年前就做过的这道甜点。"

在众人的注目中，那位年迈的母亲眼里含着幸福的泪花，一口一口地细心品尝了这道该酒店远近闻名的招牌佳肴。她终于知道，汉斯不是一个普通而碌碌无为的人，因为上帝给了他两个苹果，他却巧妙地调制成一个独一无二又令人刮目相看的苹果。当年，她忽视了他，幸好，上帝从来没有轻视卑微，尽管上帝能够给他的，只是两个普通的苹果。

记住，即使自己并不是样样优秀，但总有一项特质能给你带来好运，只要你善于发现这项特质。永远要接纳并不完美的自己，永远要相信并不完美的自己，永远不放弃希望，那么生活就真的会有奇迹出现。

我们不要成为眼高手低的人，同样，我们也应杜绝看扁自己的行为。现在有不少人，也许是因为家庭条件的缘故，也许是因为工作岗位的缘故，再或者是因为从小所接受的教育，总会在某个时刻贬低自己，尤其是看到那些光鲜亮丽的人时，总觉得自己如丑小鸭一般，绝不可能有成功的机会。

看轻自己的人，无论对待什么事情都没有自信，这着实是对自己的一种"侮辱"。因为，这个世界上不存在绝对不可能的事情，能否成功，关键在于是否能够爆发自身潜能。所以，看轻自己，就等于藐视自己的能力，自降人格。所以，无论面对什么问题，哪怕难度再大，我们都不能看轻自己。你要学会向自己道歉，驱散心里的懦弱，让自信带着你寻找快乐，然后燃起奋斗的能量。

别在意自己的缺点，别抱怨自己外部的环境。一个人要学会有主见，学会想

办法解决问题。如果你是雄鹰,那么终会有展翅飞翔的那一天。

事以密成,语以泄败

【人生箴言】

"千里之行,始于足下。"没有平日的积累,没有小事的锻炼,纵然有最好的机会降临,也只能手足无措地与它擦肩而过。

认真做好每一件事,说起来似乎像就在手边、随意都能做到的,但实际做起来却需要持之以恒的意志力。我们说,一个人能坚持把一天中所遇到的每一件事情都做好,这并不太难,难的是一辈子如此。

人生目标贯穿整个生命,而我们在工作中所持的态度,就可以逐渐把自己与周围人区别开来。每个人的日常行事,都是由一件件小事构成的。但不能因为这是不起眼的事情,就因此而敷衍应付或轻视懈怠。工作中更是如此。所有的成功者,他们与我们一样,都做着同样简单的小事,唯一的区别就是,有这样一个意识强烈地植根于他们的头脑之中:工作中无小事。所以,他们从不认为自己所做的事是简单的小事。

美国标准石油公司曾经有一位小职员,叫阿基勃特。他在出差住旅馆的时候,总是在自己签名的下方,写上"每桶4美元的标准石油"字样,就连在书信及收据上也不例外,签名的底下一定是这样一行字。因此,阿基勃特被同事叫作"每桶4美元",而叫他真名的人倒是越来越少了。

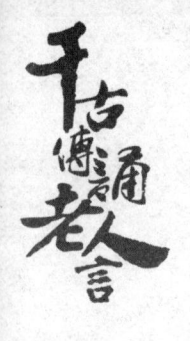

公司董事长洛克菲勒知道这件事后,为这个员工的细致和敬业而感慨:"竟有职员如此努力宣扬公司的声誉,我要见见他。"于是邀请阿基勃特共进晚餐。洛克菲勒从阿基勃特的言谈举止中了解到,这是个一直以来把每一件小事都能做好的人,进而提拔他做董事长的特别助理。

后来,洛克菲勒卸任,阿基勃特成了第二任董事长。

在签名的时候署上"每桶4美元的标准石油",这简直是一件太微不足道的小事了。而且严格说来,这件小事还不在阿基勃特的工作范围之内。但阿基勃特就这样去做了,并坚持把这件小事做到了极致。那些在此之前嘲笑他的人中,肯定有不少人才华和能力都在他之上,可是最后,只有他成了董事长。

别轻视自己所做的每一件事,即便是最普通的,也应全力以赴、尽职尽责地去完成。台阶是阶梯式的,只有一步一个脚印地向上攀登,步子才走得稳,成绩才站得住。

大事是由许多小节连成的,任何一部鸿篇巨制也必定是由一个个词汇组成。那些一心只想着做大事的人,常常对小事嗤之以鼻、不屑一顾。其实,连小事都做不好的人,对于大事,最终只能是空中楼阁、纸上谈兵。

东汉有一少年名叫陈蕃,独居一室而龌龊不堪。

一日,他父亲的朋友薛勤来访,见此状,面露不满,问他为何不打扫干净来迎接宾客。

陈蕃回答说:"大丈夫处世,当扫除天下,安事一屋?"

薛勤当即反驳道:"一屋不扫,何以扫天下?"

陈蕃之所以不扫房屋,无非是不屑而为,自以为胸怀大志。欲"扫除天下"固然可贵,但一个连最基本的"扫除"动作都不知如何去做的人，当他着手承办一件大事时，必然会忽视它的初始环节和基础步骤，从而使大事的地基不牢，华而不实。如此，那真可谓岌岌可危了。

世界文豪伏尔泰说："使人疲惫的不是远方的高山，而是你鞋里的一粒沙子。"往往，小事并不简单，因为小事常常都是琐碎的，要把它做好，花费的精力和时间并不一定比大事少。所以说，用心去做好每一件小事，这是一种人生态度。只有抱定这样的态度，做事时才能够平淡而坚定，才能在忙碌的生活中保持好行事的方向，时时刻刻严格要求自己。当你坚持认真做好每一件平凡的小事时，突然就会发现，自己已经成就了一种伟大。

就像张思德，一个很平凡，甚至在有些人眼里看来还带点傻气的普通战士，相比于那些在战场上立下汗马功劳的大将而言，他没有什么惊天动地的壮举，但是他珍惜遇到的每一件小事，把每一件小事都当作一次锻炼，倾注全部的热情和心血。如此平凡，却感动了无数身边的人。

1933年红军来到他的家乡，成立了革命政权。同年12月，张思德参加了红军，不久又加入了共青团。1937年10月，张思德加入了中国共产党。随红军长征到达陕北后，调到中央军委警卫营通讯班当班长。在数年的通讯工作中，张思德兢兢业业，吃苦耐劳，认真负责，完成的任务没有一丝误差。

1940年初夏，为解决中央机关冬季采暖问题，他带领一班战士到延安以南的土黄沟的深山老林中烧木炭。烧炭要先打炭窑，洞口很小，里边的空间却很大，每次要出500公斤木炭。木材在窑中要立起来码放，还要懂得掌握火候。开窑出炭极其辛苦，山洞里边就像一座焚化炉。那时没有任何防护用品，连起码的手套都没有。人要爬进去，将木炭一根一根地传出来，外边的人再接应晾上。进去一次，人就闷热得如同脱一层皮似的。

然而，就是这种最脏最苦的活儿，张思德总是抢在最前面。苦战

三个月,经过伐树、烧火、出窑、捆扎、运输等数道繁重的工序,终于把八万斤烧炭运到了延安。

1941年,抗日战争进入了最艰苦的时期,为克服敌人封锁带来的经济困难,他又随警卫营来到南泥湾开荒。张思德不仅带领全班战士完成了上级交给的生产任务,同时又担负起额外的通讯工作。白天劳动,夜里步行,长距离送信,积极完成通讯任务。

张思德后来被调回延安。1943年初夏,被调到枣园内卫班,在毛主席身边当警卫战士。

1944年,组织再次派他到安塞县烧木炭。9月5日,张思德在炭窑内工作时,炭窑突然崩塌,张思德不幸牺牲,时年29岁。

张思德觉得自己做的都是极其平凡的小事,不值得一提。但正是这种把普普通通的小事也当作革命事业来认真对待的精神,成就了他平凡中的伟大。

中国道教的创始人老子说过这样一句话:"天下大事,必作于细。"在我们的工作中,不可能每天都有惊天动地的大事要我们去做。决定一家企业是不是向前发展的,往往就是那些不起眼的小事。正如麦当劳创始人克罗克说过的一句话:"如果你想经营得出色,就必须使每一项最基本的工作都尽善尽美。"

人生的路是由我们自己每一步的脚印所踏出来的,每一天都是一个阶梯,都是向着既定目标踏出的新的一步。成功是一个逐渐积累的过程。所以,紧紧盯着眼前的这一阶梯,着手落实好下一件要做的小事,一步一个脚印,最终必能登上成功之巅。

智慧典藏

"不积跬步,无以至千里;不积小流,无以成江海。"但凡成功者,多数是从小事做起。无论是"塔"的高度,还是"裘"的厚度,都是在沉下去后潜心积累而成。只有平时做事认真精细，在规划大业时才能精益求精，成就卓越。

业无高卑，事在人为

【人生箴言】

一个人的"态度"决定了他日后的成就的"高度"。一切都是自己创造的结果，关键看你如何去努力和把握，即便是在平凡的岗位上，也同样能够成为一个不平凡的人。

有些人对工作不满意，对自己的现状感到厌烦，看不起自己的工作，甚至因为自己是个小人物而感到微不足道。他们终日发牢骚，不停地抱怨，找不到自己存在的价值，仅仅为了维持生活而劳动。对待现有的工作，他们提不起兴趣，很多事情敷衍塞责，内心总想着得到更加体面的工作和收入。可惜，现实要告诉他们的是：抱着这样的态度，他们在任何岗位上都不会有所作为。连一个普通的工作都做不好的人，还想谋求自我发展、提升自我的人生境界，实现理想，根本就是笑谈。

很多人都觉得，想要成功就得有个好的平台，甚至是万事俱备，才能够平步青云。试问：如果真有这么简单的事，那么放眼望去全都是成功者了。人生精彩与否，完全在于自己的把握。一切都是自己创造的结果，只要你爱岗敬业，不抱怨，努力将工作做好，平凡的工作和岗位，一样可以演绎出不同寻常的人生。如果你首先就看轻了自己的工作，整天抱怨岗位太平凡，没有给你提供好的机会出人头地，那这根本就是走进了思想上的误区。无数的事实证明，那些有理想、有志气的人，即便

第五章 天不生无用之人，地不长无名之草
——激发潜能，从平凡到卓越

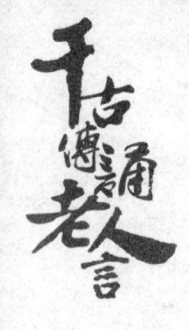

是在恶劣的环境和平凡的岗位上,也一样能够成功。

某网站上曾经刊载过这样一篇报道:

一个左腿有残疾的女人,过去一直在某大商场里上班,后来因为单位效益不好,被迫下了岗。刚刚失业的她很是迷茫,不知道自己能够做点什么。

后来,她看到一些人做了小孩的衣服拿出去卖,而且销售得还不错,便萌生了跟进的念头。过去,她在商场里也是卖服装的,为了照顾一些特殊型顾客的需要,那时候她下班后常常学做衣服,如今早已练就了一手做衣服的本领。说做就做,她没有迟疑。

第二天,她带着两件小孩衣服到街上摆起了地摊。后来,马路市场被取缔,那时她手里已经有了一些资本,于是她便租下了一个门市做起服装批发生意。

如今,她的批发门市已经增加到了两个。每次有人和她聊起她的成功经验时,她总说如果没有以前在商店学做服装的底子,自己再就业的路也不会走得这么顺利,她为自己没有虚度过去的工作时光而庆幸。

事实胜于雄辩。无论是多么平凡的工作,只要能够踏踏实实地把它干好,都可以成为自己未来事业的基石。平凡的背后通常也孕育着伟大,只是这种伟大需要忍耐、坚持来见证。只要以尽职尽责的精神做好每一件事,就能为自己创造成功的机会。

可能有人会说:"岗位不重要,自己做得没意思,要是让我担任一个重要的职务,我也会干得很好!"话虽这样说,但是你既然从事着这份工作,还在自己的岗位上,那就该拿出全部的热情去做,消极的态度不仅无法让你成功,反倒可能让你失去眼前这看似并不美好的一切。况且,有些工作看似平凡,在别人眼里微不足道,但其实它也有含金量,如果你认真做好，一样能够挖掘到金子。

事实上，每个人都有机会获得荣誉和财富，但前提是你必须不断地提高自己，从小事做起。正所谓，细节决定成败。无论做什么样的工作，只要放弃抱怨，认真对待，以强烈的责任心做好每一件事，那就能够在平凡的岗位上创造最大的价值，比其他人更胜一筹。而且，当你有能力将一件平凡的工作变得卓越的时候，你也就具备了改变一切的能力。

上天其实很公平，那些不抱怨、努力工作的人，收获总会与付出成正比。而消极对待工作的人，永远等不到成功的那一天。所以，换个眼光看待你的工作，重新审视自己的态度，仔细想想：到底是因为工作真的卑微，没有发展前途，还是你自暴自弃，没有认真对待呢？

想明白了这些，相信你会做出正确的判断，也更清楚未来到底该如何去做。

智慧典藏

平凡的岗位照样有不平凡的人生，一份工作就是一份责任。成功是没有捷径的，无论我们的梦想有多么伟大，它都需要现实来裁判，只有懂得责任和承担，把平凡的事做得出色，才能完成卓越的梦想。

积钱不如教子，闲坐不如看书

【人生箴言】

没有足够的知识储备，一个人就难以在工作和事业中取得突破性进

第五章 天不生无用之人，地不长无名之草
——激发潜能，从平凡到卓越

展,难以向更高的地位发展。在成功之前,一个人要积蓄足够的力量。

知识的积累比之财富更有价值,它能使一个人从博学中领悟智慧,能帮助一个人从黑暗中走向光明。犹太人特别重视金钱,但他们认为知识比财富更重要。这则犹太人的传说故事就反映了他们对于知识和财富的看法:

一次,很多富翁乘一艘大船出海旅游,酒足饭饱之后他们各自吹嘘自己如何富有,一个比一个说得离谱。一位读书人在一边听他们争论却默不作声。

一位富翁问那个读书人:"年轻人,你有什么财富?快对大家说说!"

读书人微笑着说:"我比你们都富有,只是现在我无法拿给你们看……"

富翁们以为他不过是一个穷光蛋的自吹而已。几天后,游船遇到了一伙海盗,富翁们随身携带的金银财宝全部被洗劫一空,富翁们懊恼极了。

大船继续向前驶抵一个港口后,实在没有资金再向前航行了。富翁们上岸后,困窘得只好靠给人做苦力来填饱肚子;可读书人很快就被聘到学校去教书,生活自然比富翁们好多了。

几年后,读书人有了一定的积蓄又娶了漂亮的妻子;而当年自吹自擂的几位富翁,却沦为了真正的穷光蛋。他们若有所悟地对年轻人说:"小伙子,你这才是真正的财富,把知识藏在肚子里,什么时候需要用都有,也不会遭到海盗的劫持……"

人人都希望拥有财富,很多人去学习知识的目的就是想获取财富。一开始,人们是用金钱去学习知识,然后再用知识去获得财富。财富可以天生拥有，而知识却要通过艰苦学习才能获得；知识有可能会转化成财富，而财富却无法买到知识；财富可能一夜之间消失，知识却可以让自己受用一生；财富会贬值，而知识只会越来越有价值。人们常说"知识就是财富"，却从未听说有"财富就是知识"的说法。

有人喜欢聚敛钱财，对于他们来说，知识只是获取钱财的一种手段。但这些浮云身外之物，往往会随着时间和境遇而来去空空。唯有知识的积累，才是实在而永久的。

而忙着聚敛财富的人，就很少再去想过收集知识了。因为按照他们的思维模式：读书的目的就是获得更多的财富，既然目的已经达到了，再去积累知识又有何用。近几年的高考，有越来越多的考生弃考，一部分的观点就是，现在大学毕业就业难，读完大学几年，出来跟没上那么多年学的人抢饭碗，好像并不怎么划算。成功的道路千万条，不敢说这样的选择就是错的，只是用财富去衡量知识，未免有些失准。

在这方面，杰出的企业家托马斯·金曾受到加利福尼亚的一棵参天大树的启发："在它的身体里蕴藏着积蓄力量的精神，这使我久久不能平静。崇山峻岭赐予它丰富的养料，山丘为它提供了肥沃的土壤，云朵给它带来充足的雨水，而无数次的四季轮回在它巨大的根系周围积累了丰富的养分，所有这些都为它的成长提供了能量。"

那些学识渊博、经验丰富的人，比那些庸庸碌碌、不学无术的人，成功的机会更大。许多天赋很高的人，终生处在平庸的职位上，导致这一现状的原因是不思进取，他们宁愿把业余时间消磨在娱乐场所或闲聊中，也不愿意看书学习。其实，对于一个初入社会的青年，随时随处都有知识可以积累。对于一切接触到的事物，都要细心观察、研究，积累知识比积累金钱更要紧。如此，所获得的内在财富要比有限的薪水高出数倍。

在竞争激烈的现实社会里，任何成功的道路都是用知识铺垫的，因此学习和

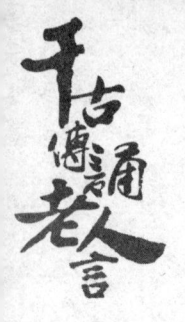

积累知识，是通往成功的最佳途径。知识是积累资本的原动力，且比财富更有价值。一个真正有志向、渴望造就并充实自己的人必须认识到，无论何时、无论什么人都可能增加你的知识和经验。

一心想赶两只兔，反而落得两手空

【人生箴言】

一心一意，是世界上最温柔的力量。做任何事时，只有把专注放在第一位，不要考虑周围的环境和暂时的利益，那么，我们离成功就会更近一步。

荀子在《劝学》中说得好："蚓无爪牙之利，筋骨之强，上食埃土，下饮黄泉，用心一也。"即使底子再薄弱、力量再微小，只要专一，最终也能达到目标。古代棋艺高手弈秋教二人下棋的故事，想必我们早已耳熟能详。专心致志听讲的人肯定能够学到真本领；而一心想着玩射鸿鹄的人，能够学到一些皮毛就已经很不错了。

亦舒说："一个人的时间用在什么地方是看得见的：天天运动，便成为运动员；天天上班，成为白领；满街逛的人一辈子不会成为画家，后台再硬也不管用。"的确，一个人如果心中不专一、做事不专注，必会使他所有的快乐，以及一切与他有关的，变得不真实，如此荒芜一生；相反，如果能够把全部的精力倾注在眼下正在做的这件事上，那么终究会取得优秀的成绩。

戴尔·泰勒是美国西雅图一所著名教堂德高望重的牧师。20世纪

60年代的某一天，他向学生宣布：谁要是能背出《马太福音》第五章到第七章的全部内容，他就邀请谁到西雅图的"太空针"高塔餐厅参加免费聚餐会。

这太空针高塔高185米，登上高塔餐厅可以一览西雅图的美景。另外，那里的甜点也是孩子们向往的美味，可以说那是每个孩子都梦想去的地方。但是要获得这个机会并非易事，因为《马太福音》第五章到第七章又称"山上宝训"，是《圣经》中的著名篇章，有几万字的篇幅，而且不押韵，要背诵全文有相当大的难度。

但是有一天，一个11岁的学生胸有成竹地坐在戴尔·泰勒牧师面前，以孩子特有的童音从头到尾一字不漏地把原文背下来，没出一点差错，而且到了最后，竟成了声情并茂的朗诵。泰勒牧师惊讶地张大了嘴巴。要知道真正的圣经门徒能背诵全文的也是少有的，更何况是一个孩子！

牧师不禁好奇地问："你是如何背下这么长的文字的？"

这个孩子不假思索地回答："我只是专心致志地去背。"

16年后，这个孩子成了一家知名软件公司的老板，他的名字叫比尔·盖茨。

在人生的道路上，外在的客观原因起一定的作用，但个人的主观努力却是最根本的。比尔·盖茨无论是对《圣经》的背诵还是后来他所取得的伟大成就，都得益于他总是集中精力去做好眼前的事。比尔·盖茨的竭尽全力向我们昭示了这样的道理：一个人要想有所成就，就要重视内因的积极作用，用专心致志的精神去叩开成功的大门。

分散精力很容易一事无成。生活中很多人之所以没有实现早年确定的目标，大都是因为他们容易见异思迁，注意力也就难免被分散了。如果不能专心致志地做事，便只能探究到事物的表层。真正有所建树的大家都是集中精力专注某一领域，并且坚持不懈地去探索，最终创造出前

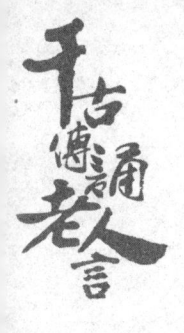

人无法企及的成果。

几十年前,波兰有个叫玛丽亚的小姑娘,学习非常专心,不管周围怎么吵闹,都分散不了她的注意力。

一次,玛丽亚在做功课,她姐姐和同学在她面前唱歌、跳舞、做游戏,玛丽亚就像没看见一样,在一旁专心地看书。

姐姐和同学们想试探她一下。她们悄悄地在玛丽亚身后搭起几把椅子,只要她一动,椅子就会倒下来。时间一分一秒地过去了,玛丽亚读完了一本书,凳子仍然竖在那儿。

从此姐姐和同学们再也不逗她了,而且像玛丽亚一样专心读书,认真学习。

玛丽亚长大以后,成为一个伟大的科学家,她就是居里夫人。

尽管有的人能够不断地产生新的目标、新的规划和思想,但是当要开始实行某一计划、着手去做具体事情时,他们却很难专注下去。三心二意只能说明他们不知道真正的目标在哪里,因此所有的事情都将无果而终。所以说,专注是成就事业的基石,不少成功者都是依靠这一法则在社会中立足的。

曾经有这样一幅插画:在一个岩石缝里,一朵红色的小花兀自开放着,红得触目,美得惊心。看着这样的画面,我的心灵一阵颤动,是什么样的力量让它能够在夹缝中生长,并绽放出丰盛的花朵?唯一的答案就是"专注"二字。

披着星光,顶着风雨,不管身边的岩石多么的坚硬,只要有一点缝隙,借着脚下贫瘠的土壤,微笑着向上,向上,直到时间过去,错过无数星辉和朝阳,它依然舍不得放弃。最终它蹿出了地面,见到了蓝天和白云,在温暖的阳光下绽放着属于自己的色彩。它的人生因为"专注"而改变。

PMA训练教程中"专心"的定义是这样的：专心就是把意识集中在某个特定欲望上，并要一直集中到已经找出实现这项欲望的方法，而且成功地将其付诸实际行动为止。

可见，成功是需要"聚焦"的，只有把自己的精力用在我们最擅长的方面，才能获得最大的收获。

【智慧典藏】

专心致志的过程就好像通过放大镜观察物体一样：当物体不在焦点上时，影像就不够明朗，看起来一片模糊；可是一旦对准焦点，影像就会变得十分清晰。无论是学习、工作还是做游戏都要全神贯注、心无旁骛，如此，才能一步一步实现最初的理想。

只要自己上进，不怕人家看轻

【人生箴言】

嘲讽是生活中永恒不变的话题，没有人能一生不遭遇到别人的讥笑，成功与否就要取决于自己面对嘲讽的态度。

我们每一个人生活在这个世界上都不是单一的个体，我们在这个社会上生存，就必须面对不同的人际关系，于是我们就会遇见形形色色的人，不是每个人都可以和你一见如故，面对别人不友善的挑衅和嘲讽，我们应该明确自己的生存价值，认清自己要走的路，不要太在乎别人的看法，只有这样，我们才能笑看人生，用达观的心态去积极进取。

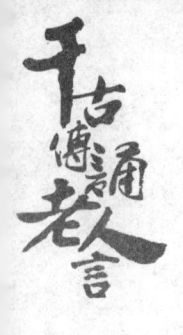

　　苏秦是战国时期有名的政治家,他自幼家境贫寒,对于温饱都很难达到的他来说读书自然是一件非常奢侈的事。为了维持生计和读书,他经常卖自己的头发和帮别人打短工。

　　后来他离乡背井到了齐国拜师求学,跟鬼谷子学纵横之术。学业有成之后,苏秦便向他的师父告别,去游历天下,以谋取功名利禄。

　　谁知道,空有一身抱负的他,数年后不仅一无所获,连自己的盘缠也用完了。在走投无路之际,他只好穿着破衣草鞋踏上了回家之路。

　　回到家的时候,苏秦已骨瘦如柴,风尘仆仆,全身破烂肮脏不堪的他犹如乞丐。妻子见他这个样子,不禁摇头叹息,虽然充满同情,但还是显得很冷漠,继续织她的布;嫂子的鄙夷则更加明显,见他这副落泊的样子,扭头就走,不愿做饭;父母、兄弟、妹妹不但不理他,还暗自讥笑他说:"按我们周人的传统,应该是安分于自己的产业,努力从事工商,以赚取十分之二的利润;现在却好,放弃这种最根本的事业,去卖弄口舌,落得如此下场,真是活该!"

　　面对亲人的不理解和嘲讽,身为七尺男儿的苏秦,感觉无地自容,惭愧而伤心。于是,他关起房门,不愿意见人,在这段时间里,他对自己作了深刻的反省:"别人看低我是因为我没有成就,如果我能把他们的不屑当作我前进的动力,做出一番成绩,他们自然会改变对我的态度。"

　　于是,苏秦重振精神,发愤再读书。他搬出所有的书籍,用心钻研。他每天研读至深夜,有时候不知不觉伏在书案上睡着了。就是在这样的磨砺中,苏秦博览群书,学富五车。后来,他写出"揣""摩"二篇。这时,他充满自信地说:"用这套理论和方法,可以说服许多国君了!"

　　苏秦开始游说六国,终获器重,挂六国相印而声名显赫,开创了自己辉煌的政治生涯。

面对别人的嘲笑，苏秦选择了忍耐，终于用自己的行动推翻了自己在别人心中的形象，证明了自己的价值。嘲讽是生活中永恒不变的话题，没有人能一生不遭遇到别人的讥笑，成功与否就要取决于自己面对嘲讽的态度。有些人一辈子被讥笑淹没，自暴自弃；而有些人则因讥笑而奋发，成就一番功名，后者才是人生的强者。

亚伯拉罕·林肯是美国第16任总统，他出身于一个鞋匠家庭。

当时的美国社会非常看重门第。在竞选总统时，林肯在参议院发表演说，他遭到一个参议员的羞辱。

那位参议员说："林肯先生，在你开始演讲之前，我希望你记住你是一个鞋匠的儿子。"

林肯不卑不亢地回答："我非常感谢你使我想起我的父亲，他已经过世了，我一定会永远记住你的忠告，我知道我做总统无法像我父亲做鞋匠做得那么好。"这句慷慨激昂的话使参议院一下子陷入了沉默，林肯转头对那个傲慢的参议员说："据我所知，我的父亲以前也为你的家人做过鞋子。如果你的鞋子不合脚，我可以帮你修好它。虽然我不是伟大的鞋匠，但我从小就跟随父亲学到了做鞋子的技术。"然后，他又对所有的参议员说："对参议院的任何人都一样，如果你们穿的哪双鞋是我父亲做的，而它们需要修理或改善，我一定尽可能帮忙。但是有一件事是可以肯定的，我无法像他那么伟大，他的手艺是无人能比的。"说到这里，林肯流下了眼泪。

听完林肯的这段话，参议院里所有的人无不为之感动，就连那个嘲笑他的参议员也和大家一起，真诚地为他鼓掌。

作为一个出身卑微的人，林肯没有任何贵族社会的硬件条件，但是，面对别人的嘲笑和挑衅时，他没有自卑，也没有无地自容，而是坦然地面对出身，真诚而机智地化解了自己的尴尬。也许是对于这份嘲笑

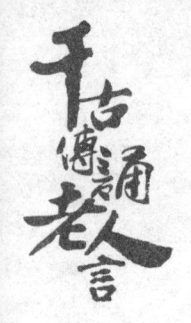

的不屑，也许是对于真诚的尊重，当然更多的是对林肯真知灼见的敬佩，最后大家选择了林肯为美国总统。

不可否认，一个人的出身对其成长的影响是很大的。但是，随着历史的发展和社会的进步，一个人的命运已经不再被出身束缚，越来越多地取决于本人的努力。面对别人的嘲讽，我们应该静下心来弥补自己的不足，才能以图大志；面对别人的讥笑，你能够包容，以深厚的修养来冷静处理，不去与其争辩与计较，朝着自己的目标一步步迈进，才能走向理想的成功。

智慧典藏

出身是无法选择的，不要抱怨命运不公平，也不要埋怨环境没有给自己提供机会。抱怨无用，成事在人，不要将别人看作自己的救世主，也不要期待别人为自己创造条件。

第六章
勤俭一家福，和睦百家春
——经营幸福，家和万事方兴

  善于经营婚姻的人首先应该是一个善于理家的人。爱情不是维持幸福的唯一纽带，生活是现实的，如果不懂得持家，就等于在透支幸福；如果不懂得包容，让原本温馨的家变得硝烟弥漫，婚姻的大厦也会摇摇欲坠。聪明的人懂得未雨绸缪，懂得家才是自己最终停靠的地方，只有那里安静宁和，自己才能没有后顾之忧地勇往直前。

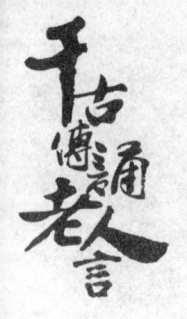

家中不睦，外事无成

【人生箴言】

世界上最遥远的不是时空距离，而是心与心的内在屏障。彼此没有进行推心置腹的交流与沟通，以及人与人之间的换位思考，这是产生一切症结的必然所在，也是导致矛盾发生的导火索。

夫妻之间战火不断，有了家庭烦恼，势必让你的心力为这些琐碎所左右，从而没办法专心工作，所以一个家庭的和谐与否和一个人的成就大小有很大的关系。兵法云："兵马未动，粮草先行。"行军打仗，首先要巩固好自己的后方大本营。一个人在外面拼搏跟行军打仗是一样的，后方是基础，只有解决好自己的家事，无后顾之忧，才能够轻装上阵，心无旁骛地去奋斗。

那么，怎样才能让夫妻之间保持和谐融洽呢？首先，要学会沟通，在一个人的情绪不佳的时候，最好能给对方一个安静思考的空间，并给以适当的安慰，对方在生气的时候，最好不要火上浇油，应该想办法尽快给对方降火；其次，就是要学会控制自己的情绪，要有修养，识大体，不能把双方都逼上绝境；最后一点就是争吵过后，要避免冷战，用自己的宽容之心给对方一个下来的台阶，给自己的婚姻留一点后路。

这天，是她的60周年金婚纪念日，她很幸福地向前来祝贺的朋友道出了保持幸福婚姻的秘诀。

她说："从我结婚的那天起，我就准备列出丈夫的10条缺点，为了我们的婚姻能够幸福，我向自己承诺，每当他犯了这10条错误中的任何一条，我都会原谅他。"

这时候，人群中则有人问："那你列出的这10条错误是什么呢？"

她听了，笑了笑说："老实告诉你们吧，这60年来，我始终没有将这10条缺点具体地列出来。每当我丈夫做错了事情，冒犯了我，让我气得直跳脚的时候，我就会马上提醒自己：算他运气好吧，他犯的错误都是我可以原谅他的那10条错误中的一条！"

朋友们听了，都不禁为她鼓掌。

有人说，聪明的女人要学会"装傻"！为了幸福，女人的"装傻"，既是一种策略，又是一种境界。有人调侃，婚前睁大眼睛，婚后要睁一只眼、闭一只眼。所谓的闭一只眼睛，大约就是"装傻"吧！任何事情都有它的模糊地带，婚姻也不例外，太较真了，只能使婚姻产生裂缝。倘若不想对婚姻放手，那么不妨试试"装傻"。这样说并不是让谁去忍气吞声，而是换一种思维方式，把生活中的小事儿模糊处理。

在漫漫人生旅途中，人与人之间都难免会出现矛盾和摩擦，如果我们都能像她那样，学会去宽容和忍让，你就会发现，幸福和快乐将会时刻围绕着你。

亦舒说，人们日常所犯最大的错误，是对陌生人太客气，而对亲密的人太苛刻，把这个坏习惯改过来，天下太平。宽容原则是我们立身处世的一个重要法宝，也是我们处理人际关系所不可缺少的钥匙。但是很

多人在外面和别人打交道的时候，很容易宽容别人，在与人发生矛盾后，总是以"忍一时风平浪静，退一步海阔天空"来宽慰自己，忍让为先，主动化解矛盾，从而在单位中博得众人的赞誉。但是，回到家里，却常常为了一些鸡毛蒜皮的小事和家人吵得不可开交，谁也不会让谁，这都是因为，家人是自己最亲近的人，更容易原谅自己的缘故。但是，什么事情都不能一而再，再而三地发生，争吵过多，家庭矛盾就会不断地积累。

梓璇是一个悬疑推理小说家，每次写作的时候都会达到忘我的境界，这个时候的她最忌讳别人的打扰了。她的老公也很理解她，会自觉地给她提供一个相对安静的环境，让她不被打扰地创作，这让梓璇很感激。

有一天，老公的亲戚来他们家做客，这个时候梓璇正在苦思冥想故事情节，根本就没有发现家中来了客人，于是也就没有主动打招呼。面对这样的冷落，客人看在眼里，脸上便有了不悦之色。老公显得很尴尬，也觉得自己很没面子，于是，从来没有对梓璇发过火的老公突然发起火来，他异常大声地说："你没看见家中有客人吗？怎么还一个劲儿地捣鼓你的破小说，赶紧给客人倒水去！"

从来没有被丈夫这样支使过的梓璇很难过，而且在客人面前觉得很没面子，但是，梓璇却忍住了心中的不快，不但马上放下自己写了一半的书，起身去给客人沏茶，端来茶水之后还忙不迭地给客人赔礼道歉："你看我这人，忙起来就什么都顾不了了，真是怠慢了你，不好意思啊，来，喝茶！"

看到老婆如此识大体，老公的脸上马上堆满了笑，客人脸上的不快也没有了，很开心地和丈夫聊着天。

客人走了之后，梓璇的老公立马跟梓璇道歉说："老婆，刚才那么大的声音跟你说话真是不应该，你大人有大量，不要生气啊！"听了老公的话，梓璇所有的委屈也没有了，夫妻俩的感情还是那么好。

我们不妨想一想，如果梓璇在面对丈夫的大声呵斥之时，没有选择顾全大局，而是跟丈夫针尖对麦芒地争吵起来，那么，夫妻俩都下不了台，这样只会在客人面前丢尽面子，让人耻笑。梓璇识大体的举动，给了丈夫台阶，也给自己留了后路，很好地避免了一场家庭大战，还让丈夫对自己异常感激，可谓是一种聪明的做法。

夫妻之间磕磕碰碰是很正常的事情，生活中没有不吵架的夫妻，再有默契的夫妻也会有意见产生分歧的时候。面对生活中的琐碎，任何一件小事都可能是引发一次争执的导火索。比如说，在教育子女的时候，丈夫希望他有个相对宽松自由的童年，任其自由发展，而你却认为教育要从娃娃抓起，现在就得给他报一个特长班，看法不同，而又各执己见，难免会引发一场争执。一辈子不长也不短，如果想要和自己的伴侣白首不相离，首先要懂得忍让，这也是经营婚姻的艺术。

"事临头，三思为妙，一忍最高。"凡事忍一忍，你才会有时间将自己冷静下来，分析争吵的原因，你就会发现，你们的争吵其实都是生活中的小事，根本就没有计较的必要。其实，夫妻之间，磕磕绊绊是很正常的事情，只要我们多一点宽容之心，学会忍让，偶尔争吵则会变成你们平淡婚姻里的协奏曲。

自家的肉不香，人家的菜有味

【人生箴言】

幸福是自己的体会，不是别人看到的样子，所以，我们无须将自己

的生活表演给别人看，更不要盲目地羡慕别人的幸福，否则会忽略本就属于自己的幸福。

生活中我们总是羡慕那些明星、名人日日淹没在鲜花和掌声中，名利双收，以为世间苦痛都与他们无缘。这是羡慕别人的盲区，也是我们老是羡慕别人光鲜处的原因。事实上，走进明星、名人的生活，他们同样有着不为人知的心酸。著名导演谢晋的儿子是弱智；美国前总统里根曾几度风光，晚年却备受不孝子的敲诈、虐待；戴安娜如果没有魂断天涯，几人知道她与查尔斯王子那场"经典爱情"竟然是那么糟糕……

或许，羡慕别人是人的一种天性。看到人家好，人家强，凡夫俗子，哪个不心动？生活的差别无处不在，而艳羡之心又难以克服。但是，假如我们能换一种思维模式，学会理性地分析生活，你也许会发现，其实，终其一生，生活对每一个人都是公平的。

人生是一个由起点到终点，短暂而漫长的过程，在这个过程中每个人所拥有和承受的祝福寿禄、喜怒哀乐、爱恨情仇都是一样的、相等的。这既是自然赋予生命的规律，也是生活赋予人生的规律，只不过我们享用、消受的方式不同，这不同的方式，便演绎出不同的人生。

在一条河的两岸，一边住着凡夫俗子，一边住着僧人。

凡夫俗子们看到僧人们每天无忧无虑，只是诵经撞钟，十分羡慕他们；僧人们看到凡夫俗子每天日出而作，日落而息，也十分向往那样的生活。

日子久了，他们都各自在心中渴望着：到对岸去。

一天，凡夫俗子们和僧人们达成了协议。于是，凡夫俗子们过起了僧人的生活，僧人们过上了凡夫俗子的日子。

几个月过去了，成了僧人的凡夫俗子们发现，原来僧人的日子并不好过，悠闲自在的日子只会让他们感到无所适从，便又怀念起以前当凡夫俗子的生活来。

成了凡夫俗子的僧人们也体会到，他们根本无法忍受世间的种种烦恼、辛劳、困惑，于是也想起做和尚的种种好处。

又过了一段日子，他们各自心中又开始渴望着：到对岸去。

由此可见，你眼中的他人的快乐与幸福，并非真实生活的全部。人生百态，每个生命都有欠缺，每个人都各有各的烦恼，不必与人作无谓的比较，珍惜自己所拥有的一切就好。

俗话说，人生失意无南北，宫殿里也会有悲恸，茅屋里同样也会有笑声。只是，平时生活中无论是别人展示的，还是我们关注的，总是风光的一面、得意的一面。于是，站在城里，向往城外，而一旦走出了围城，就会发现生活其实都是一样的，有许多我们一直在意的东西，在别人看来也许根本就不算什么。所以，我们根本就没必要将自己的眼光一直投放在别人的生活上，多关注一下自己，欣赏一下自己的人生，才能让你彻底体会到生活的快意。

晓华和晓萍是一对姐妹，晓华嫁给了一个有钱的富商，晓萍则嫁给了清贫的工人。很多人都觉得晓华嫁得很好，这辈子有享受不完的荣华富贵，生活一定会过得无比幸福；晓萍家经济条件差，丈夫又憨厚老实，婚后一定得吃苦，都不禁替晓萍惋惜。

婚后一年，姐妹俩回到娘家。晓华的确华贵富丽，但是，华丽的外表却掩盖不住苍凉寂寞的内心；晓萍衣衫素淡，但她一脸的笑容，暖洋洋的，所有人都能感受到她的幸福。

吃饭的时候，姐妹俩都很高兴。晓华说："好久没这样开心地吃过一顿饭了。你姐夫整日忙着应酬，一年下来没有几顿饭在家里吃。即使每天餐桌上都摆满山珍海味，我也吃得不开心。"

晓萍说："每天我都要等他回家一起吃饭，每次我们吃饭的时候，

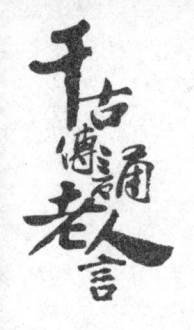

他总是将最好的菜夹到我的碗里。有时,我将有肉的菜端到他的跟前,他也会悄悄换过来,并笑着说,我太胖了。需要减肥,还是你多吃点儿肉吧,身体养好了才能给我生个大胖儿子啊……"

幸福没有固定模式,现在很多女人的幸福模式就是找个有钱的男人嫁了。幸福的指数真的与男人拥有金钱的多少成正比吗?幸福是什么?幸福就是你从内心深处感受到的来自对方的关爱;幸福就是他拥有的不多,却愿意把最好的给你;幸福就是他能让你开心,而不是将你金屋藏娇;幸福就是当你站在街头伤心哭泣时,他把你揽入怀中,给你最温柔的安慰;幸福就是一个眼神、一句话语,能够让你的心里微微感到甜蜜,淡淡的,可以不强烈,但一定是最真实的。是的,幸福与金钱会有一定的关系,但它们绝对不能画等号。

白领们幸福的模式就是有车有房,可是他们没有想过人生的幸福不一定是在房子、车子里,尽管那的确非常重要,可是为车房奋斗了大半辈子,失去了健康,失去了亲人的关怀,失去了尽孝的机会实在是得不偿失。很多"房奴""车奴"们在临近老年才走出牢笼,然后面临的是家庭不再圆满、子女愈加叛逆、夫妻关系紧张……很多人甚至因此孤独终老,这又有什么意义?

幸福不需要金钱的粉饰,不需要美丽的光环,无论你是贫穷还是富裕,你都可以得到幸福,即使幸福不会说话,它也总是无声地待在你的身边,只要我们放慢前进的脚步,用心去倾听,你就会发现,其实得到幸福是那么容易。

许多时候,人们往往觉得得不到的就是最好的,总是觉得别人的东西比自己的好。其实,我们应该想到,也许,只有自己所拥有的才是最适合自己的。我们应该珍惜当下,发现自己的富足,感谢上天所赐予我们的一切。

激烈夫妻难到头，冷热夫妻水长流

【人生箴言】

看似平淡如水的生活，背后却蕴藏着绝世的真情。一切最简单的，都是返璞归真的，爱情的最高境界是经得起平凡的流年。

对于平淡的生活，好莱坞著名导演史蒂芬有这样的感悟："我到过许多地方，发现世上许多人的生活比我们想象的要平淡得多，然而却能体现出他们自身的价值，更平静、更悠闲。"

这话尤其适合用在婚姻生活之中。平淡的生活也许把热恋时的激情越磨越少，剩下的只有实实在在的日子和各自真实的性格与脾气。但就像那首《最浪漫的事》歌中所唱，"我能想到最浪漫的事，就是和你一起慢慢变老"，两个人携手走过无数个简单而平淡的日子之后，才是一种相依相守的挚爱。

常听到美玲在抱怨婚姻生活就是家长里短、柴米油盐，平淡得近似无趣。可是，在长达五年的恋爱里，两人一直都如胶似漆。一年前，美玲是在众人无数的羡慕和祝福中走入她憧憬已久的婚姻殿堂的。

然而，当新婚的甜蜜和激情褪去之后，美玲发现当初那个被她认为是浪漫多情、细致体贴的男人却变得有些不讲道理、懒惰起来，不再为她多花心思。再加上家务的烦琐，工作的压力，两个人似乎很难再有激情的火花碰撞。说不到一起，做不到一起，矛盾、争吵、分

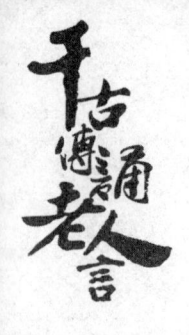

居,甚至各自负气出走。

美玲很困惑:难道婚姻真的就是爱情的坟墓吗?婚姻生活就真的是这样平淡无趣吗?

同为婚姻中人,相信很多男女都体会过美玲说的细节,也大都能理解她的抱怨。然而,婚姻的本质就是两人褪去热恋时华丽的包装,归于平淡而真实的生活状态,是实实在在地过日子。想要获取一份长久的幸福和白头终老的浪漫,就需要用宽容和甘于平淡的心态去对待。

也许,幸福有时候真的不只是和爱情有关:有的人,我们看了一辈子却忽视了一辈子;有的人,看了一眼却影响到一生;有的人热情得让我们快乐,却被我们悄悄冷落;有的人让我们拥有短暂的开心,却得到了思绪的连锁;有的人一厢情愿了许多年,却被拒绝了许多年;有的人无心的一个表情,却成了我们永恒的思念。也许这就是人生:不要轻易忽视本不该放弃的,却固执地追求本不该坚持的。

或许结婚前的我们都充满了激情,都认为自己和身边的那个他(她)能创造出一段不平凡的爱情故事。即使没有"惊天地泣鬼神"的海誓山盟,也总会演绎出一番起伏跌宕的传奇。总觉得等到几十年以后,已经两鬓斑白的我们可以坐在摇椅上回想自己荡气回肠的一生,可以充分体验到与爱人惊世骇俗的激情。

可是,就像我们的父辈,甚至更老的长辈们一样,只有真正经历了世事的沧桑以后才会发现,无论多么荡气回肠的故事总要回归现实的平淡,无论多么伟大的成就都不能取代来自平淡生活的那份从容与宁静。当回顾人生百味时,才从心底有所感悟:原来,与我们心灵贴得最近的,还是那些我们曾经并不看重的平淡与真实。

有这样一对年近九旬的老夫妻,他们在一起生活了近70年。岁月的痕迹给他们留下了满脸的皱纹和花白的头发,但他们依然健朗矍铄，常能看到他们脸上慈祥的笑容。

每天早晨，他们都要去早市买菜。去的时候，大爷挂着拐杖，大妈拎着空篮子，两人并排而行。回来的时候，空篮子里装满了蔬菜水果，拐杖穿在篮子中央，两人抬着。大爷走在前面，大妈走在后面。

上午，大妈拿着小凳坐在大树下开始择菜，大爷躺在树荫下的躺椅上，摇着蒲扇看着报纸。时常，报纸会滑落，蒲扇也会停止摇动，大妈拿出薄毛巾被轻轻地搭在大爷身上。

傍晚，他们在小区里悠然而缓慢地散步。没有电视镜头中的手挽手，也没有温情脉脉的眼神，只是两个人在慢慢走着。偶尔，大爷走快了两步，停下来，回过头等着大妈赶上来，再并排一起走……

可是，很少有人会想到，这样一对"白金婚"的老人，竟然是指腹为婚！

他们在5岁的时候就被定下了娃娃亲，结婚前从没见过面。1938年，两人结婚。而后，从抗日战争、解放战争到抗美援朝，一直是"为革命牺牲小家"，精力基本都放在了工作上，即使是短暂地在一起，也是极其平淡地过日子。

一直到20世纪80年代中期，两人才先后离休。这时老两口才有时间在一起，享受享受生活。

1997年，不幸降临了。大妈身患重病，半瘫在床。除了更加精心地照顾老伴儿以外，大爷没有丝毫的怨烦。他只是说："现在医疗条件能跟上，肯定能恢复得不错。"

在大爷的照顾下，大妈精神很好，没多久就能扶着墙走路了。而后渐渐地，就像人们后来看到的，从一点一点慢慢散步到现在，两人每天早晨一起去买菜。

在被问及有什么"爱情保鲜秘籍"时，大爷回答："我们是娃娃亲，不像现在的小年轻那么多的浪漫。我和她相濡以沫走到今天，不容易。我们过得很平淡，相互间的感情不在于言语之中，平平淡淡才是真。"

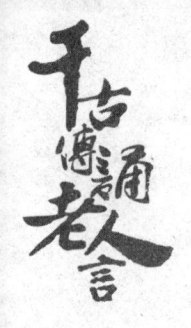

婚姻是两个陌生的人走到一起,相爱容易相处难,激情过后,剩下的只有各自真实的性格和脾气。不同环境、不同背景、不同喜好的人组合在一起,也许本身就是不完美的。面对这种不完美时,去接受,并尽力调和,全在于我们的心态。

也许,他不爱干家务、大男子主义,但他时常在办公楼下接你下班;也许,你们没有很富裕的经济背景,但彼此眼神真诚,生活得很踏实;也许,他不再甜言蜜语、买礼物给你,但他也不见异思迁,让你觉得很放心;也许,你们少了浪漫约会和情调,但他下班后会带回你最爱吃的零食。

换一个角度去看待,幸福的婚姻就是平淡中的踏实。平淡中不是没有爱,爱就包含在平淡的每一个细节之中。真正幸福的婚姻就像煲汤,需要温火慢慢炖,这样做出来的汤方可醇香,才令人回味。

【智慧典藏】

两个人在一起时间久了,就像左手和右手,即使不能时时刻刻擦出情感的火花,也会选择相依相守。因为,放弃这么多年的时光和付出,需要很大的勇气。也许,在以后的生命历程中,还会出现爱你或你爱的人,但那终归是过客,人们依旧会牵着左手或右手走下去。

不笑补,不笑破,只笑日子不会过

【人生箴言】

创业如同盖房子,从积攒资金、设计图纸、进购材料、组织人力再到施工，不知要花多少时间，不知要付出多少心血；败家如同拆房子，不过转眼间的事。勤俭方能持家是亘古不变的道理。

俗话说得好："浪子当家，饿死全家。"盛衰的极点原本没有定数，如果一个家庭保持积极向上的奋斗精神，则永无衰竭之时，范仲淹家族数百年长盛不衰，曾国藩家族一百多年长盛不衰，即是明证。居家过日子，就要懂得勤俭。

那么，作为当家的女人，你是不是有这样的生活习惯：即使能坐公交的时候也非要打车，能在家吃的早餐非要到外面去吃；每天不逛商场、超市心里就痒痒，看到打折促销就挪不动脚，结果买回来一大堆永远也用不到的"废品"回家；5毛1块的零钱随便扔，几天之后就不见了；换洗的衣服从来不会去检查口袋里是否有零用钱就送到干洗店……于是，在月底算账的时候却感叹，如今的钱怎么这么不经花了呢？我什么都没做，钱到哪里去了呢？

钱就流失在你的这些生活习惯里，这些在指缝间的费用弹性是比较大的，稍不留神就是一笔大数目，如果我们平时有一点节约意识，避开可有可无的开支，就是随手可以"捡"到的财富，一个月下来，你就会发现，你为自己"赚"下了不少的钱。

蓉蓉在一家公司担任文职，工资2000元左右，她的丈夫也只是一家公司的普通职员，两个人加起来月薪不过5000元。前不久，两人在父母的支持下买了房，但由于两家父母条件都一般，只是先付了20%的房款，剩余部分则是每月还贷1500元，分20年方可还清。这样算下来，每个月剩下的收入就只有3500元了，但是，即使日常收入如此低，他们的生活却过得滋滋润润。

很多人都很好奇他们怎么可以将日子过得这么轻松，他们的薪水并不多。秘诀就在于蓉蓉的精打细算，用她丈夫的话说就是，蓉蓉是

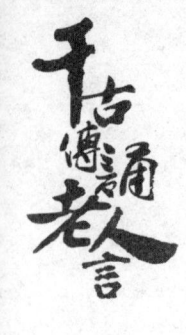

个会过日子的好女人。

在日常生活中,蓉蓉一切以节约开支为基础,洗菜、洗脸的水她不会就那样倒掉,她将它们储存起来冲马桶,平时洗完衣服的水也不浪费,都用来涮拖布和打扫卫生间,平时用电,她要求老公养成随手关灯的习惯,当然,她也是这样做的。家用电器能少用则少用;如果没有急事的话,不管去哪儿,即使多远她都挤公交,公司加班很晚时她也舍不得花钱打车回家;出去逛街都是自带水,从不买水喝,用她的话说,这些都是没有必要的开支。另外,她还很少用手机,当然,这并不代表她不和朋友们联系,而是用网络聊天工具代替。在饮食上,她也非常有规律,生活质量不但没降低,还更加地有趣味。

虽然日子过得很勤俭节约,但是,蓉蓉并没有忘记保养自己的容颜,每次都自制蔬果蛋清蜂蜜面膜用来护肤,效果不比那些高档化妆品差。

因为他们把平常节约下来的开支用以投资,并有所收益,所以,他们并没有因为要按揭房款而烦恼,反而轻松快乐地过好每一天。

我们在居家过日子中,也应该学学蓉蓉,把那些不必要的开支省下来,即使收入不多,也能过得安稳、踏实。其实有很多开支都是可以节省下来的,不要认为那些都花不了多少钱,当你将这些费用都加起来时,就会发现是一笔不小的支出,所以,从现在起,学会开源节流,用节约为你们的家庭"赚"钱吧。具体该怎么"赚"呢?

第一,将每个月的收入和支出情况记录下来,做一个消费账本,再对开销进行分析,这样你就可以找出哪些是不必要的浪费,然后逐月减少那些可有可无的消费。第二,就是在购物时,还应该努力做到精打细算、货比三家,在买到货真价实的物品、享受高质优良服务的同时,还要争取消费得物美价廉、物超所值。第三,不要购买反季节蔬菜水果,购买时令蔬菜水果,又好吃又便宜,人工种植的蔬菜水果价格要贵很多,还用过激素,不利于身体健康。另外,就是购买欲很强的女人要减少逛商场、超市的次数，这样可以省下一些可花可不花的钱。第四，把零钱收拾好。每次换衣服、洗衣服、收拾屋子的时候都会收拾出一些零钱，给它们一个专门存放的空间，将这些零钱集中起来放进去，月底清点一次，就会给你带来惊喜。除了这些，最重要的还是在日常生活中养成节俭的习惯，具体可参照蓉蓉的方法。

按上面的这些方法去做，你不光是堵住了漏钱的缝隙，也是给家里捡到了一个聚宝盆。女人要明白，一个会打理家庭的女人才是一个好女人，否则即使你貌美如花、才高八斗，也不是男人首选的好妻子。很多人都觉得美丽很重要，但与美丽的外表相比，内心的美丽更为重要。对家庭有责任心的女人，她的艰苦朴素本身就是一种美丽。所以，做一个会理财的家庭主妇，为你们的家庭积累更多的财富，你的生活才有保障，你的幸福才有保障。

【智慧典藏】

作为一个当家的人，更要为一个家庭的经济利益考虑，要让家里存折的数字不断地增加。只有这样，才会感到真正的踏实和幸福。增加收入和减少开支，谁的生活会更轻松大家都不难想到，所以，在日常的生活中，我们一定要培养自己的节约意识，别让那些不必要的消费吸干家里的钱。

馋人家里没饭吃，懒人家里没柴烧

【人生箴言】

选择勤劳是一个人一生中最快乐的事，因为通过自己辛勤劳动获得的

第十六章 勤俭一家福，和睦百家春
——经营幸福，家和万事方兴

面包吃起来比别人送的更加香甜。

我们都向往美好的幸福生活,这个幸福包括物质和精神。精神可以创造物质,这个谁都知道,所以说,精神是很重要的。可有时候物质更重要,如果连一日三餐也无法保证,恐怕就"精神"不起来了。还有一句话说"贫贱夫妻百事哀",可见物质的重要。物质是幸福的基础,连基础都没有,幸福从何而来?

一个人,想追求幸福,起码先得求生存,有生存才能求发展,自立是生存的基础,那么首先就得自立。想自立,就得"勤劳":脚踏实地,埋头苦干,勇往直前。只有靠勤劳的双手,才能换取幸福的生活。

在很久以前,泰国有个叫奈哈松的人,一心想成为一个大富翁,他觉得要成为富翁最便捷的方法是学习炼金之术。

此后,他把全部的时间、精力、金钱全投入炼金术的实验中了,没过多久,便耗尽了所有积蓄,家中变得一贫如洗,连饭都没得吃了。妻子无奈,便跑到父亲那里诉苦,父亲决定帮女婿改掉恶习。

他让奈哈松前来相见,并对他说:"我已经掌握了炼金之术,只是现在还缺少一样炼金的东西……"

"快告诉我究竟缺什么?"奈哈松急切地问道。

"那好吧,我让你知道这个秘密,还需要3公斤香蕉叶下的白色绒毛。这些绒毛必须是你自己种的香蕉树上的。等到收齐绒毛后,我便告诉你炼金的方法。"

奈哈松回家后立刻在已荒废多年的田地里种上了香蕉。为了尽快凑齐绒毛,他除了种好以前自家荒芜的田地外,还开垦了大量的荒地。当香蕉长熟后,他便小心地从每片香蕉叶下收刮白绒毛,而他的妻子、儿女则抬着一筐筐香蕉到市场上去卖。就这样,十年过去了,奈哈松终于收集够了3公斤白绒毛。这天,他一脸兴奋地拿着绒毛来到岳父家里，向岳父讨要炼金之术。

岳父指着院里的一间房子说："现在，你把那边的房门打开看看。"

奈哈松打开了那扇门，立刻看到满屋金光，竟全是黄金，他的妻子、儿女都站在屋中，妻子告诉他，这些金子是他这十年来所种的香蕉换来的。

面对满屋实实在在的黄金，奈哈松恍然大悟。

有一首老歌叫《幸福在哪里》，它的唱词是这样的："幸福在哪里，朋友啊告诉你，它不在柳荫下，也不在温室里……"这首歌很好，为我们解释了幸福的出处，告诉我们怎么做。由此可见，幸福就掌握在我们自己的手里，只要我们辛勤劳动，幸福就是我们的。

对于懒惰者，就算有钱，坐吃山空，迟早也会沦落为贫穷者。这种人丧失了主观上的努力，还把自己估计得太高。要知道，人的命运要靠"主观"把握，靠"能力"决定。他连主观也没有，能力也差，更不劳动，能有好结果吗？对事物没有主观能动性，没有正确的态度，更没有想去接受挑战的勇气，失败是注定的。

有这么一个民间故事：

从前，在中原的伏牛山下，住着一个叫吴成的农民，他一生勤俭持家，日子过得无忧无虑，十分美满。相传他临终前，曾把一块写有"勤俭"两字的横匾交给两个儿子，告诫他们说："你们要想一辈子不受饥挨饿，就一定要照这两个字去做。"后来，兄弟俩分家时，将匾一锯两半，老大分得了一个"勤"字，老二分得一个"俭"字。

老大把"勤"字恭恭敬敬高悬家中，每天"日出而作，日落而息"，年年五谷丰登。然而他的妻子却过日子大手大脚，孩子们常常将白白的馍馍吃了两口就扔掉，久而久之，家里就没有一点余粮。老二自从分得半块匾后，也把"俭"字当作"神谕"供放中堂，却把

"勤"字忘到九霄云外。他疏于农事，又不肯精耕细作，每年所收获的粮食就不多。尽管一家几口节衣缩食、省吃俭用，毕竟也是难以持久。

这一年遇上大旱，老大、老二家中都早已是空空如也。他俩情急之下扯下字匾，将"勤""俭"二字踩碎在地。这时候，突然有纸条从窗外飞进屋内，兄弟俩连忙拾起一看，上面写道："只勤不俭，好比端个没底的碗，总也盛不满！""只俭不勤，坐吃山空，一定要挨饿受穷！"兄弟俩恍然大悟，"勤""俭"两字原来不能分家，相辅相成，缺一不可。吸取教训以后，他俩将"勤俭持家"四个字贴在自家门上，提醒自己，告诫妻室儿女，身体力行，此后日子过得一天比一天好。

勤劳是走向成功的必经之路。没有勤劳的汗水，就没有成功的喜悦与幸福，真正的幸福绝不会光顾那些精神麻木、四肢不勤的人们，幸福只在辛勤的劳动和晶莹的汗水中。

如果今天的我们还没有追求到我们的幸福生活，还没有实现我们的理想，成功还是遥不可及，那我们该问问自己了。我们究竟为我们的幸福和理想付出了多少代价？我们在认准了以后有没有立即行动？我们是不是把希望寄托于别人的帮助？

很多的时候是我们懒惰，没有努力。我们该醒醒了，要记起"勤劳"二字了。只要我们看准了，立刻行动吧。这个过程是千难万难，充满艰辛，需要我们付出很多的劳动，这是必然的，千万不要怕，勇敢接受这个挑战吧！不怕苦，不怕累，勤劳苦干，踏踏实实，用勤劳的双手开创我们的幸福生活。

勤劳是幸福的基础，只有付出，才能得到。一分耕耘一分收获，我们不能坐等，天上掉馅饼是不可能的事情，那只是异想天开，白日做梦。